FRANKREICH

Küchen der Welt

FRANKREICH

Susi Piroué

Originalrezepte und Interessantes
über Land und Leute
Rezeptfotos: Michael Brauner

OFFICE DU TOURISME
Kronenbourg

Artois
Picardi
Seine
Normandie
Paris
Île-de-France
Bretagne
Loiretal
Loire
Anjou
Loire
Touraine
Vendée
Berry
Poitou
Aunis
Angou-mois
Limousin
Saint-onge
Auvergn
Bordelais
Dordogne
Périgord
Garonne
Gascogne
Basken-land
Béarn
Roussillon
Spanien

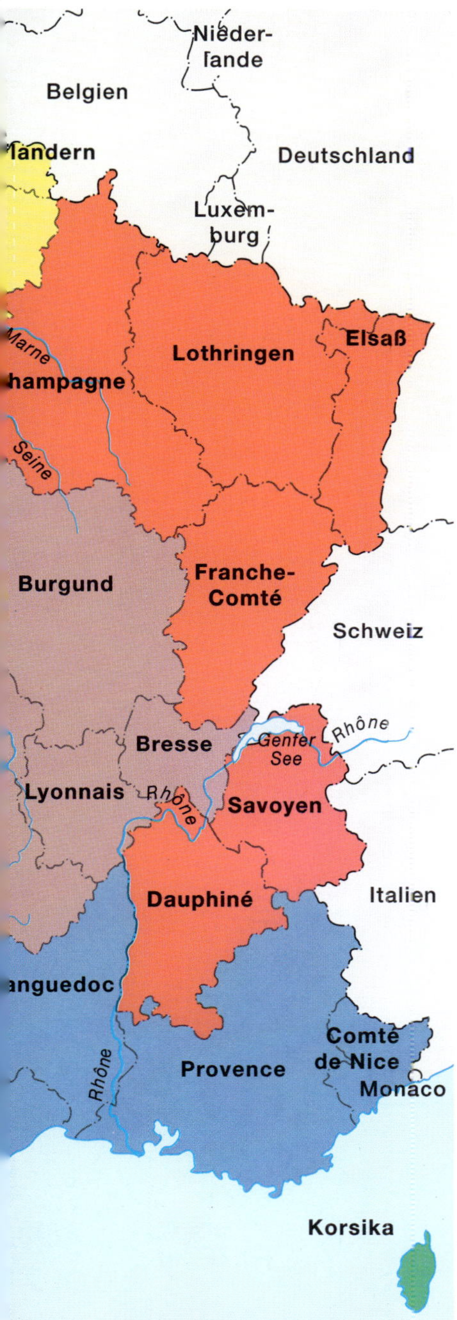

Nieder-
lande
Belgien
landern
Deutschland
Luxem-
burg
Marne
Lothringen
Elsaß
hampagne
Seine
Burgund
Franche-
Comté
Schweiz
Bresse
Genfer
See
Rhône
Lyonnais
Rhône
Savoyen
Dauphiné
Italien
anguedoc
Comté
de Nice
Provence
Rhône
Monaco
Korsika

INHALT

FRANKREICH: ERLEBEN UND GENIESSEN

Frankreich, unser schönes Nachbarland, hat viele Gesichter: den heißen, mediterranen Süden und den neblig-kühlen Norden, die schneebedeckten Alpenkämme und die fruchtbaren Ebenen. Die Farben der Provence und der rauhe Atlantik der Bretagne, der prachtvolle Glanz von Paris und der verträumte Charme eines kleinen Ortes in der Provinz – das große Land im Westen Europas überrascht mit ständig wechselnden Kontrasten. So vielfältig und nuancenreich wie das Land ist auch seine berühmte Küche, denn jede Region hat ihre eigene kulinarische Tradition. Seit alter Zeit werden in den einzelnen Provinzen die verlockendsten Rezepte in den Familien von Generation zu Generation weitergegeben. Dabei hat sich ein eigener, typisch französischer Kochstil entwikkelt: Aus den besten Zutaten entstehen durch raffiniert einfache Zubereitung ganz abwechslungsreiche und wunderbare Gerichte.

»Leben wie Gott in Frankreich«, das kann man in diesem liebenswerten Land überall: Ob man sich beim Cidre und Crêpes in der sturmgepeitschten Bretagne oder bei einem roten Landwein und kräuterduftender Bouillabaisse in der Provence zusammenfindet, das »savoir vivre« eint in diesem Punkt ein ganzes Volk. Denn die Franzosen sind nicht nur talentierte Köche, sondern auch Meister im Genießen.

Dieses Buch möchte Ihnen die französische Küche und einen Hauch französischer Lebensart näherbringen. Das erste Kapitel beschreibt einfühlsam die verschiedenen Regionen Frankreichs und erzählt Interessantes über seine Menschen, Spezialitäten und Feste.

Die Rezeptkapitel schließen sich in der traditionellen Speisenfolge an – von feinen Suppen über raffinierte Vorspeisen, zarten Fleisch- und Fischgerichten bis zu köstlichen Desserts finden Sie ausschließlich Originalrezepte. Wissenswertes über die einzelnen Gänge erfahren Sie in den Einleitungen der Rezeptkapitel. Da ein Menü immer aus mehreren Gängen besteht, sind die Mengenangaben der Gerichte übrigens eher knapp bemessen. Beilagen werden Sie in diesem Buch nicht finden, denn in Frankreich reicht man einfach Brot zum Essen und ißt das, was wir als Beilage kennen, als Vorspeise oder Zwischengang.

Praktische Rezeptbeschreibungen, wertvolle Tips und informative Schritt-für-Schritt-Fotos lassen alles leicht gelingen. Getränkeempfehlungen, Varianten und anregende Kurzreportagen über landestypische Produkte runden den Rezeptteil ab. Am Schluß des Buches finden Sie typische Menüzusammenstellungen, damit Sie auch zu Hause sich und Ihre Gäste original französisch verwöhnen können.

Ein Glossar erläutert Ihnen wichtige Begriffe der französischen Küche.

Das Rezept- und Sachregister schließlich hilft Ihnen beim Auffinden der Rezepte.

Und nun wünsche ich Ihnen viel Spaß auf dem kulinarischen Streifzug durch Frankreich, denn das Land durch seine Küche kennenzulernen, ist auch ein guter Weg, unsere französischen Nachbarn noch besser zu verstehen!

In diesem Sinne: Bon appétit!

LAND & LEUTE LADEN EIN …

Frankreich ist nicht nur durch seine kulinarische Spitzenposition und seine kontrastreichen Landschaften berühmt, es beeindruckt auch durch seine wechselvolle historische Vergangenheit, seine Kunst und Kultur. Dabei stand besonders die Eßkultur seit alten Zeiten im Vordergrund.
Schon die Römer hatten die Naturprodukte Galliens entdeckt und kultiviert. Ihnen verdanken die Franzosen ihre ersten Weinberge. Als die Franken von dem Land Besitz ergriffen, eigneten sie sich nur zu gern die Eß- und Trinksitten des kaiserlichen Rom an, und auch das Mittelalter übernahm viel von der Üppigkeit der römischen Tafelfreuden.
Mit Katharina von Medici, Gemahlin von Henri II, kamen in der Renaissance wesentliche Impulse nach Frankreich. Sie brachte nicht nur neue Delikatessen und verfeinerte Tischsitten, sondern auch die besten Köche Italiens mit an den französischen Hof. Unter ihr begann eine neue Ära auf dem Gebiet der Kochkunst: sorgfältigere Auswahl und Zubereitung der Nahrungsmittel, subtilere Geschmacksnuancen, kultivierter angerichtete Speisen.
Im 19. Jahrhundert trugen die großen Meister der Küche den Ruf französischen Raffinements in die ganze Welt. Der Gourmet, der Feinschmecker, war nicht nur ein Mensch, der gut zu speisen und zu trinken wußte, sondern ein Mensch mit Kultur – im Gegensatz zum Gourmand, dem Vielesser.
Und diese Kultur im weitesten Sinne herrscht nicht nur in den Sterne-Restaurants, sie wird in den Familien, in den Dörfern und Städten von Generation zu Generation weitergereicht. Essen und Trinken gelten als Maßstab von Lebensqualität, es ist ein Bereich, dem alle Franzosen viel Zeit und Liebe widmen, sowohl beim Zubereiten als auch beim Genießen der Speisen.

Die französische Küche in all ihrer Vielfalt können Sie am besten in den einzelnen Provinzen kennenlernen.
Obwohl seit der Französischen Revolution zentralistisch regiert, hat jede Region ihren eigenen Charakter bewahrt, sie besitzt ihren individuellen Charme und ihr spezielles kulturelles Erbe. Daran konnten auch die 96 Départements nichts ändern, die 1789 an die Stelle der ehemaligen Provinzen traten. Im Bewußtsein der Franzosen sind die historischen Provinzen lebendig wie eh und je geblieben. Ihre Namen gelten als die wahre geographische, sprachlich-kulturelle und gastronomische Struktur Frankreichs.
Die nun folgende Rundreise möchte Ihnen diese Seite des französischen Lebens nahebringen, wobei wegen der Übersichtlichkeit kleinere Gebiete zu kulinarischen Regionen zusammengefaßt sind.

Die Basilika Sacré-Cœur aus dem späten 19. Jh. ist mit ihrem mächtigen, weißen Kuppelbau ein weithin sichtbares Wahrzeichen des Montmartre.

Die Métro gibt es seit der Jahrhundertwende. Einige Eingänge zum Pariser »Untergrund« haben noch ihre alte Jugendstilüberdachung.

Vom Zentrum nach Osten

Paris und die Île-de-France – Kernland Frankreichs

Alle Nationalstraßen führen nach Paris, und Paris ist und bleibt das Zentrum Frankreichs, wo sich die Kulturen mischen. In den Restaurants und Bistros von Paris bekommt man Spezialitäten nicht nur aus ganz Frankreich, sondern aus der ganzen Welt. Das heißt jedoch nicht, daß es keine original Pariser Gerichte gäbe, wie etwa Bœuf miroton, Tournedos Rossini oder Soupe à l'oignon. Andere Gerichte stammen ursprünglich aus den Regionen und wurden hier dem großstädtischen Geschmack angepaßt. Auch ist in Paris die Küche der großen Meister der Kochkunst, der École de Paris, zu Hause. Sogar etwas eigenen Wein hat die Hauptstadt aufzuweisen, der, auf wenige Reben geschrumpft, am Montmartre angebaut wird. Dort feiern die Pariser im Oktober ein Weinlesefest, im gleichen Monat findet auch ein Alteisen- und Schinkenmarkt statt.

Das Land um die sich immer weiter ausbreitende Hauptstadt, die Île-de-France, ist dort, wo sie noch nicht den Villes Nouvelles, den Entlastungsstädten, zum Opfer gefallen ist, voll landschaftlicher und architektonischer Reize. Wälder, Parks, Gärten und Flüsse, Schlösser, Kirchen und Kathedralen prägen dieses stille Land. Aus der Île-de-France stammen die besten Früchte und Gemüse – Spargel aus Argenteuil, Erbsen aus Clamart, Möhren aus Crécy, Erdbeeren aus dem Bièvretal und nicht zuletzt Zuchtchampignons, die in ganz Frankreich Champignons de Paris heißen. Wild und Geflügel, Fisch aus Seine, Marne, Oise und Aisne genügen den

hohen Ansprüchen der kritischen Verbraucher in der Hauptstadt und auf dem Lande. Brie, Coloummiers und Fontainebleau, sahnig-milde Käse, werden in ganz Europa geschätzt. Einen Rohmilch-Brie aus dem Ursprungsgebiet mitzubringen, lohnt sich allemal, denn er unterscheidet sich von den bei uns erhältlichen Sorten durch seine goldgelbe Farbe und sein feines Nußaroma. Weine gedeihen hier nur in winzigen Mengen, so bei Suresnes und am Mont-Valérien, ein trockener Weißwein stammt aus Carnetin.
Im Frühjahr wird in Marcoussis-Bière das Erdbeerenfest gefeiert. Die Schloßfestspiele von Versailles ziehen im Mai/Juni zahlreiche Besucher an.

Die Champagne – deftige Küche und perlender Luxus

Die östlich angrenzende Champagne besteht im Westen um Reims, Épernay und Chalons aus Kreideböden, auf denen die tiefwurzelnden Reben für den berühmtesten Schaumwein der Welt gedeihen. Hier stehen auch die großen Champagner-Häuser, und in den Kreidestollen reifen die Weine, die den Ruhm dieses nördlichsten Weinbaugebiets von Frankreich in alle Welt getragen haben.
Daneben sollte man jedoch nicht die seltenen Rot-, Rosé- und Weißweine vergessen, die unter dem Namen Coteaux champenois verkauft werden. Östlich davon, in der feuchten Champagne, wird Viehzucht betrieben, und in den nördlich gelegenen Ardennen, einem nicht allzu hohen Gebirge, gibt es reichen Wildbestand. Dem perlenden Luxusgetränk steht eine maßvoll solide Küche gegenüber. Wurstspezialitäten wie Boudins und Andouillettes, Ardenner Schinken, Kalbsfuß, Kalbskopf und Schweinsfüße sind die regionalen Spezialitäten, dazu Hecht und Forelle aus den zahlreichen Flüssen.

Lothringen und Elsaß – die Grenzländer im Osten

Die beiden östlichsten Provinzen Frankreichs, Elsaß und in gewisser Weise auch Lothringen, sind, historisch bedingt, Außenseiter, da sie im Lauf der Jahrhunderte immer wieder einmal zu Deutschland gehört haben.
Lothringen, dessen Bevölkerung auf keltische, alemannische und fränkische Ursprünge zurückgeht, hat außerhalb der großen Städte eine fast unberührte Natur vorzuweisen. Waldberge in den Vogesen, Hügel, Bergseen und bekannte Thermalbäder laden zur Erholung ein. Die lothringische Küche ist leichter, französischer als die elsässische.
Bedeutend ist der Obstbau. Aus Kirschen, Pflaumen, Aprikosen, Äpfeln und Birnen sowie einer großen Anzahl von Beerensorten werden Obstbrände und -liköre gewonnen, die zu den teuersten

Blumengeschmückte Fachwerkhäuser – wie dies Weingut in Mittelwihr – sind typisch für die Orte an der Elsässischen Weinstraße.

Elsässische Gastlichkeit: Der Wirt schneidet eigenhändig den traditionellen Schinken im Teigmantel auf.

Bei der Weinlese werden die Trauben in Rückensteigen, den sogenannten »Bütten«, eingesammelt.

und besten Europas gehören. Eau-de-vie de bou, ein Schnaps aus den roten Früchten der Stechpalme, ist eine Spezialität, die sich als apartes Mitbringsel eignet.

Der Weinbau hat unter Kriegswirren, Landflucht und Reblausbefall gelitten. Dennoch gibt es an der Mosel und bei Toul feine, zarte Rot- und Weißweine sowie Vin gris, einen besonders delikaten Rosé.

Im Frühjahr feiert man in Nancy Karneval, das Fest der Jungfrau von Orléans findet von Mai bis September in Domrémy statt und im August das Mirabellenfest in Metz.

Das Elsaß, wo die Ursprache ein alemannischer Dialekt ist, nimmt mit seiner Küche eine Sonderstellung ein. Das »deutsche« Sauerkraut ist hier Spezialität, vom einfachen Garnierten Sauerkraut bis hin zu raffinierten Kreationen der Grands Maîtres de la Confrérie de la Choucroute, deren Ziel es ist, dieses gesunde Gemüse salonfähig zu machen. Zubereitungen mit Gänseleber, wie die berühmte Straßburger Gänseleberpastete, Würste und Schinken, Schweinefleisch und Flußfische gehören zu den Schätzen dieses Landes. Die Käse, Munster und Romadour, sind stark und würzig. Der elsässische Zwiebelkuchen weist schon hinüber nach Baden, Namen wie Eierkuchas, Kouglof, Schenkelas und Jungfraukiechlas bezeichnen einheimische Gebäckspezialitäten, die unseren Ohren vertraut klingen.

Der Wein, der entlang der Elsässischen Weinstraße gedeiht, wird meist mit der Rebsorte bezeichnet. Nur hier im Osten darf der Weiße Riesling angebaut werden, der im Elsaß kräftige, trockene Weißweine ergibt. Edelzwicker heißt der Verschnitt aus mehreren weißen Edelsorten, ein solider Schankwein. Die Gewürztraminertraube bringt im Elsaß einen besonders feinen Dessertwein hervor. Über den Weinspezialitäten sollte man nicht vergessen, daß im Elsaß ein hervorragendes Bier gebraut und eine Reihe von Obstschnäpsen wie Kirsch und Quetsch destilliert werden. Im Elsaß finden alljährlich Weinmärkte statt, im Mai in Guebwiller, im Juli in Ribeauvillé und im August die Weinmesse in Colmar. Das Bier steht im Mittelpunkt des hochsommerlichen Hopfenfestes in Haguenau.

Franche-Comté, Savoyen, Dauphiné – Jurahügel und Alpenriesen

Die Franche-Comté, im französischen Jura gelegen, ist ein vom Fremdenverkehr noch weitgehend unentdecktes Land. Die Küche ähnelt etwas jener in der benachbarten Welschschweiz. Sahne, Morcheln, Käse sind wichtige Grundzutaten, Forellen und Flußkrebse in hoher Qualität stammen aus den Gebirgsbächen und -flüssen. Weinbauzentrum ist Arbois. Der Gelbwein, Vin jaune, ist eine Besonderheit des Gebiets. Er reift in Fässern aus rotem Eichenholz, das ihm die Farbe gibt.

Wie Sherry kann er einige Jahre in der geöffneten Flasche aufbewahrt werden, wobei seine lange Lebensdauer einem speziellen Hefepilz zu verdanken ist. Am besten paßt er zu würzigen Käsesorten, aber auch zu Wild- und Leberpasteten. In Arbois findet im Juni ein bedeutender Weinmarkt statt.
Von den Westalpen geprägt sind Savoyen mit dem Montblanc-Gebiet und seinen reizvollen voralpinen Seen sowie die südlich angrenzende Dauphiné mit ihren Hochgebirgslandschaften und wilden Schluchten.

Forellen aus den klaren Gebirgsbächen und -seen, Wild und Wildgeflügel, aber auch köstliche luftgetrocknete Schinken und Wurstwaren stammen aus den Bergregionen. Spezialitäten sind die Walnüsse aus Grenoble, Nougat aus Montélimar, das Wasser von Evian sowie der Chartreuse, ein Likör, zu dessen Herstellung 130 (!) Kräuter verwendet werden. Milch, Sahne und Käse spielen in der Küche eine große Rolle. Zur reichhaltigen Käseplatte gehören Sorten wie Reblochon, ein halbfester Schnittkäse mit sahnigem Geschmack,

Die Abbaye Baumes-les-Messieurs, im 6. Jh. gegründet, liegt inmitten der bergigen Landschaft der Franche-Comté.

Die Lavendelfelder der Provence liefern nicht nur ätherische Öle für die Parfümindustrie, sondern auch köstlichen Honig.

der leicht salzige Tomme de Savoie und der Petit St.-Marcellin, aus Ziegen- und Kuhmilch. Die Savoyer Weine ähneln etwas denen der benachbarten Schweiz. Es sind spritzige feine Weißweine, zarte Rosés und helle Rotweine, die gut zur regionalen Küche passen. Die Weine der Dauphiné stammen von der Westgrenze des Gebiets, vom linken Rhôneufer, einem Teil der Côtes du Rhône. Clairette de Die, in trockener und süßer Version, gilt als der älteste Schaumwein der Welt, dessen Herstellung auf die Römer zurückgehen soll. Vielleicht ein originelles Mitbringsel, denn bei uns findet man ihn selten...

Gefeiert wird am 10. Februar in Les Andrieux das Omelettefest, mit dem man die Rückkehr der 100 Tage hinter den Bergen versteckten Sonne begrüßt.

Der mediterrane Süden

Provence und Comté de Nice – blaues Meer und duftende Kräuter

Die Provence und das Land um Nizza mit den Seealpen sind landschaftlich wie kulinarisch ein wahres Paradies auf Erden. Im Süden das Mittelmeer und seine bevölkerten Strände, im Norden das Hochgebirge mit einsamen Landschaften, dazu uralte Traditionen, Feste und ein eigenständiger Charakter der Bevölkerung locken alljährlich nicht nur zahllose Touristen an, auch Künstler aus aller Welt werden immer wieder von dem Licht und der Landschaft der Provence angezogen. Die Vegetation ist subtropisch, die Küche mediterran und französisch zugleich. Grundprodukte sind das Öl, der Knoblauch, Tomaten und all die duftenden provenzalischen Kräuter der Hochtäler. Fisch aus dem Mittelmeer – man denke nur an die berühmte Bouillabaisse –, aber auch aus den Flüssen und Bächen, Lamm und vor allem viel Gemüse bestimmen den Speisezettel. Eine Besonderheit sind Blütenwässer wie das Orangenblütenwasser, das in vielen Speisen als duftige Würze Verwendung findet. Im übrigen ein originelles Mitbringsel für zu Hause...

In der Provence gibt es wenig große Weine, aber die weißen, roséfarbenen und roten Weine des Gebiets sind leicht und charmant und passen zu den Speisen des Landes. Auch bei uns bekannt ist der kräftige, dunkelrote Châteauneuf-du-Pape von der südlichen Rhône, ein begehrter Begleiter zu Wild und würzigem Käse.

Die Feste der Provence nur annähernd vollständig zu beschreiben, erforderte ein eigenes Buch. Hier die wichtigsten: Karneval in Nizza und anderen Küstenorten, im Februar ein Zitronenfest in Menton, Blumenkorso im Frühjahr in Toulon und Hyères, in Grasse ein Rosenfest im Frühjahr und ein Jasminfest im Sommer. Im Mai findet die gro-

Der kleine Ort Ornans im Herzen des französischen Jura liegt überaus malerisch im Tal der Loue.

ße Zigeunerwallfahrt in Saintes-Maries-de-la-Mer statt, im August Férias und Stierkämpfe, verbunden mit einem Reben- und Weinfest in Fréjus, außerdem Lavendelfeste und -märkte u.a. in Digne und Lesches-en-Diois. Dazu kommen zahlreiche Fischerfeste in den Küstenorten und zu Ende des Jahres der berühmte Krippenfigurenmarkt in Marseille.

Languedoc und Roussillon – weite Ebenen und wilde Schluchten

Westlich der Provence liegen Languedoc und Roussillon, die sich bis zu den Pyrenäen erstrecken. Das ehemals sumpfige Küstengebiet ist heute trockengelegt und dem Tourismus zugänglich gemacht worden. Im Hinterland bestimmen wilde Schluchten und Berghänge das Landschaftsbild. Deftige Fleischeintöpfe, wie das berühmte Nationalgericht Cassoulet, sind Spezialität des Languedoc. Aus dem Ort Roquefort in den Cevennen stammt der würzig-pikante Schimmelkäse gleichen Namens. Er wird aus 100% Schafmilch hergestellt und in Kalkhöhlen mit Hilfe eines besonderen Pilzes zur Reifung gebracht. Aus dem Roussillon kommt ein Großteil der Frühgemüse (Primeurs). Entlang der Küste gehören Fische und Meeresfrüchte zu den Spezialitäten, wobei sich im Roussillon schon der Einfluß des Nachbarlandes Spanien bemerkbar macht. Das Weinbaugebiet Languedoc-Roussillon, eines der größten der Welt, umfaßt in etwa die Region zwischen Nîmes bis südlich von Perpignan. Eine Besonderheit in den Ebenen des Languedoc sind die Sandweine (Vins de Sables), deren Reben in den Sandböden der Küste gedeihen. Sie sind resistent gegen die Reblaus und daher nicht gepfropft. Eine Spezialität der zum Teil sehr steilen Hänge des Roussillon sind die süßen Muskatweine von Rivesaltes und Banyuls. Auch ein Teil der südli-

Abseits jeder Hektik – ein Südfranzose ist in seine Zeitung vertieft.

Die Küste der Saintonge, hier bei Bourcefranc-le-Chapus, ist berühmt für ihre Austernkulturen.

chen Côtes-du-Rhône, und zwar das rechte Flußufer, gehört verwaltungsmäßig zum Languedoc. Hier gedeiht der beste Rosé Frankreichs, der Tavel, ein frisch-aromatischer und feiner Wein. Die Feste beziehen sich auf das Meer und den Wein. Gefeiert wird unter anderem in Sète ein Fischer- und Meeresfest im August, ein internationales Weinfest findet im Oktober in Montpellier statt.

Der atlantische Westen

Gascogne, Baskenland und Béarn – lebendige Geschichte

Die Gascogne, das Baskenland und die historische Grafschaft Béarn umfassen die südliche Atlantikküste Frankreichs mit den höchsten Dünen Europas und einen Teil der Pyrenäen. Aus Béarn, der Heimat von Henri IV, stammt ein Hühnergericht im Topf, das in ganz Frankreich geschätzt wird. Baskische Spezialitäten sind z.B. Tripotch, Blutwurst vom Schaf, und Loukinkas, kleine Knoblauchwürstchen. Aus Bayonne stammt nicht nur der weltberühmte, mildgeräucherte Schinken, hier wurde auch zum erstenmal in Frankreich Schokolade aus Kakao hergestellt.

Als Mitbringsel aus dem Baskenland ist der Izarra zu empfehlen, ein Likör aus altem Weinbrand, Armagnac, Zuckersirup, Akazienhonig und exotischen Kräutern. Die Heimat von d'Artagnan, die Gascogne, schließt sich nördlich an. Hier werden inmitten von Wäldern Hühner, Perlhühner, schwarze Puten, Gänse und Enten gezüchtet.

Der Weinbau des nicht zusammenhängenden Weinbaugebiets Sud-Ouest geht auf das Mittelalter zurück. Eine Weinspezialität aus dem Béarn ist der weiße, fruchtige Pacherenc-du-Vic-Bilh; mit Jurançon, einem bukettreichen, süßen Weißwein, wurde einst Henri IV getauft. Die Gascogne hat mit dem Armagnac einen würdigen Gegenpol zum Cognac zu bieten. Armagnac ist der älteste Weinbrand der Welt. Seinen Charakter erhält er vom Holz der Pyrenäeneiche, in dem er 10–12 Jahre lagert, bevor er in Flaschen gefüllt wird.

Im Baskenland finden im Frühjahr sehens- und erlebenswerte Fronleichnamsprozessionen statt, und im August lohnt es sich, den Festen zuzusehen, bei denen alte baskische Sportarten ausgeübt werden.

Das Bordelais – Spitzenwein und frische Austern

Den nördlichen Teil der Region Aquitanien bildet das Gebiet um die Hafenstadt Bordeaux an der Garonne. Der Name der Stadt steht in enger Verbindung mit dem Wein aus ihrer Umgebung, ja, sie ist sogar Synonym für einen Weintyp – den extraktreichen, kernigen, leicht bitteren und sehr alterungsfähigen Rotwein.

Die Küche ist – wie es der Heimat königlicher Weine gebührt – von vornehmem Charme. Wein ist selbstverständlich oft Bestandteil der Marinaden und Saucen, wie der Sauce bordelaise. Der Slogan »Entre deux huîtres – Entre-deux-mers« weist auf die zweite Berühmtheit von Bordeaux hin: die Austernbänke vor Arcachon.

Die Weine des größten Qualitätsweinbaugebietes der Welt, des Bordelais, wachsen nördlich und westlich der Hauptstadt. Im Norden liegt das Médoc mit seinen weltberühmten Weingütern, Châteaux genannt, die 1855 klassifiziert wurden. Namen wie Margaux, Rothschild, Latour stehen für die besten und teuersten Rotweine der Welt. Im Gebiet von Graves, südwestlich der Hauptstadt, gedeihen hauptsächlich Weißweine, doch hat ein Rotwein, Château Haut-Brion, zusammen mit den Médoc-Weinen die höchste Klassifizierung erhalten. Weiter südlich schließen sich die Weißweingebiete Sauternes und Barsac an – Château d'Yquem bringt edelste süße Weißweine aus spät gelesenen Trauben hervor. Saint-Émilion und Pomerol im Osten sind weltbekannte Rotweingebiete. Fronsac, Bourg und Blaye stehen etwas im Schatten ihrer Nachbarn, erzeugen aber dennoch gute Tropfen. Schließlich sei noch Entre-deux-Mers erwähnt, die Heimat des gleichnamigen Austernweines, der wegen seiner Trockenheit und Frische auch gut zu allen feinen See- und Flußfischen paßt.

Die Feste von Bordeaux und seines Umlandes beziehen sich auf den Wein: So findet alljährlich im Juni für Weinhändler die Welt-Weinwoche statt, für

Die Bigorre mit schneebedeckten Dreitausender-Gipfeln bildet den Kern der Pyrenäenkette.

Der kleine Badeort St.-Trojan-les-Bains liegt im Süden der Île d'Oléron – nach Korsika die zweitgrößte Insel Frankreichs.

Freunde guten Weines werden im September im gesamten Gebiet Weinlesefeste veranstaltet.

Aunis, Angoumois, Saintonge – edler Weinbrand und Meeresfrüchte

Nördlich der Girondemündung liegen die drei ehemaligen Provinzen Aunis, Angoumois und Saintonge mit dem Gebiet um die Stadt Cognac – auch dieser Name wieder Synonym für einen Star unter den Getränken. Das Land um die Hafenstadt La Rochelle rühmt sich außerdem einer üppigen Küche auf der Basis von Milch, Sahne, Butter und Wein. Der Atlantik liefert die Zutaten für die Chaudrée, eine Fischsuppe aus dem Kupferkessel, die Mouclade, ein Muschelgericht mit Sahne, und die dahinterliegenden Weinberge die Schnecken für die Cagouille.

Der Wein des Gebiets wird zum überwiegenden Teil zu Cognac, dem besten Weinbrand der Welt, destilliert. Er ist nicht nur ein Produkt der Reben, sondern auch des Holzes der Limousin-Eiche, in dem er lagert.

Pineau des Charentes, ein weinähnlicher Apéritif aus Cognac und unvergorenem Traubenmost, ist eine Spezialität des Gebiets, mit der Sie Ihre Freunde zu Hause überraschen sollten.

Vendée und Bretagne – ruhiges Land am tobenden Ozean

Die nördlich angrenzende Vendée reicht bis zur Mündung der Loire in den Atlantik. Es ist ein stilles Land, man nimmt sich Zeit zum Zubereiten der Speisen und zum Genießen. Meeresfrüchte, Atlantikfische, Ragouts und Wildgerichte werden ebenso perfekt wie einfach zubereitet.

Den Abschluß der französischen Atlantikküste nach Norden bildet die Halbinsel Bretagne, die sich mit ihrer

sturmgepeitschten, zerklüfteten Küste weit in den Atlantik hinausschiebt. Die keltische Bevölkerung hat hier ihre Sitten, Traditionen und auch ihre Trachten über die Jahrhunderte bewahrt. Man ist mehr Bretone als Franzose.

Die Küche basiert auf den Schätzen, die das Meer bietet. Spezialitäten sind die Austern von Belon, eine Vielzahl von Krabbenarten, Hummer und Krevetten. Das Lammfleisch ist indirekt ein Produkt des Meeres – Pré-salé heißen die Tiere, die nahe am salzigen Wasser geweidet haben und in ganz Frankreich geschätzt werden. Gemüse, vor allem Artischocken und Blumenkohl, gedeihen dank des milden Golfstrom-Klimas in besonders guter Qualität, die bretonische Butter – ob gesalzen oder ungesalzen – ist eine Delikatesse. Wein gibt es um Nantes, an der Loire-Mündung. Der frische, spritzige Weißwein wird von der Hefe abgefüllt und moussiert daher leicht. Das Nationalgetränk jedoch ist, wie in der Normandie, der Cidre, Apfel- oder auch Birnenwein, und die Nationalspeise Crêpes aus Buchweizen- oder Weizenmehl mit unterschiedlichsten Füllungen von salzig bis süß.

In der Bretagne finden viele folkloristische Feste statt, besonders interessant sind die Fischauktionen in Loctudy, sehenswert das Fischereimuseum in Concarneau.

Die Nordküste

Die Normandie – weiße Strände und leuchtende Früchte

Die Normandie präsentiert sich hinter ihrer langen Küste am Ärmelkanal als Weidegrund und riesiger Obstgarten – ein fruchtbarer Landstrich, in dem die Menschen die köstlichen Produkte be-

Schwarze Kleider und weiße »Coiffes«, ein Kopfputz aus Spitzen, werden in der Bretagne nur noch bei besonderen Anlässen getragen.

In der mittelalterlichen Stadt Vannes gibt es Interessantes auch im Detail zu entdecken.

Normannische Kreideküste bei Yport: Auf den fetten Wiesen grasen Kühe, die besonders reichhaltige Milch für Sahne und Butter liefern.

Auf einer 90 m hohen Felsklippe im Meer thront die gotische Abtei Mont-Saint-Michel mit ihrer mächtigen, dem Erzengel Michael geweihten Kathedrale.

dächtig zu genießen verstehen. Butter, Sahne, Milch, Käse (Camembert) und Rindfleisch sind den fetten Weiden zu verdanken; die Obstgärten liefern die Äpfel für den besten Cidre und den aus Äpfeln gebrannten Calvados – alle drei Produkte finden auch in der Küche Verwendung. Zusammen mit den Meeresfrüchten sind die Produkte des Landes Grundlage einer einfachen, herzhaften, dabei niemals derben Küche.
Als Mitbringsel für zu Hause empfiehlt sich der Bénédictine aus Fécamp, ein Digestif aus 27 Kräutern und Gewürzen. Wer um die Osterzeit in die Normandie fährt, sollte den großen Ostermarkt in Caen nicht versäumen.

Flandern, Artois, Picardie – der hohe Norden

Die Reise nach Norden endet in Flandern, Artois und der Picardie. Die Küche ist einfach und bodenständig und weist in Flandern und Artois schon Verbindungen zur belgischen auf. Das Meer liefert frischen Seefisch. Schafherden weiden in den Dünen der Picardie. Lamm- und Rindfleisch sind Grundelemente der Gerichte. Die wenigen Gemüsesorten werden variantenreich zubereitet, und die Zuckerrübenfelder liefern den Grundstoff für feines Gebäck. Hier im Norden gibt es keinen Wein, dafür exzellente Biere.
Im Uhrzeigersinn verlief die Reise an den Grenzen und Küsten entlang, von Ost über Süd nach West geht es weiter im engeren Kreis.

Das Landesinnere – fernab von Küsten und Grenzen

Burgund, Bresse, Lyonnais – Paradiese für Gourmets

Ein Höhepunkt in jeder Hinsicht ist Burgund, das zusammen mit der Bresse und dem Land um Lyon das Herz jedes Feinschmeckers und Weinfreundes höher schlagen läßt. Nicht nur die in aller Welt begehrten Weine sind es, sondern auch die Erzeugnisse des Landes, wie das Geflügel aus der Bresse, die Weinbergschnecken, der luftgetrocknete Schinken aus Morvan, die Charolais-Rinder aus Burgund sowie der Senf aus Dijon. Aus Lyon stammt die gleichnamige Wurst, eine langsam getrocknete Dauerwurst mit Fettwürfeln. Die Weine, angefangen beim trockenen weißen Chablis im Norden über die Spitzenkreszenzen in Rot und Weiß der Côte d'Or bis hin zum jungen, frischen Beaujolais, genießen Weltruhm. Der Name Burgunder ist zum Begriff geworden für samtige Rotweine, dem kernigeren Bordeaux durchaus ebenbürtig. Auch das Lyonnais hat einige beachtliche Weine im nördlichen Rhône-Gebiet aufzuweisen. Genannt seien hier nur Hermitage und Château-Grillet, die kleinste Fläche mit kontrollierter

Herkunftsbezeichnung (AC). Crème de Cassis, ein Johannisbeerlikör, mit Bourgogne Aligoté, einem leichten Weißwein, gemischt, trägt den Namen eines Bürgermeisters von Dijon: Kir. Die burgundischen Feste beziehen sich auf den Wein: Im Januar findet ein Winzerfest statt – jedes Jahr in einem anderen Dorf, im Sommer Rundfahrten durch die erleuchteten Weinberge, in Dijon ein internationales Folklore- und Weinfest im Sommer, und im November feiern die Trois Glorieuses, Nuits-Saint-Georges, Beaune und Meursault, ein großes Weinfest.

Auvergne, Limousin, Périgord – deftige Genüsse aus dem Zentralmassiv

Das Zentralmassiv der Auvergne mit seinen erloschenen Vulkanen, den zahlreichen Wasserläufen und riesigen Weideländern schließt sich südwestlich an. Die Auvergne bildet mit den benachbarten Gebieten Limousin und Périgord eine kulinarische Einheit. Das Périgord ist vor allem als die Heimat der schwarzen Trüffeln bekannt. In diesen von Touristen noch wenig heimgesuchten Bergländern ißt man Kartoffeln mit Käse in unterschiedlichsten Zubereitungen. Speck und Würste, die Walnüsse des Périgord, Kastanien und Pilze in erstklassiger Qualität sind die Grundelemente einer deftigen, dabei nicht derben Küche. Während im Limousin die Rinderzucht vorherrscht, ist das Périgord für seine exzellenten Gänse und Enten bekannt. Die Speisen werden hier nicht mit Butter, sondern mit Gänse- oder Schweineschmalz zubereitet. Cantal, ein würziger Hartkäse

Der »Vieux Pont« – eine alte Brücke aus dem 13. Jh. – überspannt den Lot in Espalion, am Fuße des Zentralmassivs.

Die Gänse des Périgord gelten als Spezialität.

Chambord, mit dessen Bau 1519 begonnen wurde, ist das größte und imposanteste Schloß an der Loire.

Eine Besonderheit von Fontevraud-l'Abbey ist die Klosterküche mit ihren als Rauchabzug genutzten Dächern.

aus Kuhmilch, der schon seit mehr als 2000 Jahren in der Auvergne hergestellt wird, gilt als der älteste französische Käse überhaupt. Während es in der Auvergne nur ein paar regionale Weine gibt, dafür aber eine Reihe guter Mineralwässer, und im Limousin Apfelwein getrunken wird, bringt das Périgord einige Weinspezialitäten hervor, die in den verstreut liegenden Weinbergen der Region Sud-Ouest wachsen. Der Monbazillac ist ein Süßwein mit honigartigem Bukett, die Weine von Bergerac wachsen an der Grenze zum Anbaugebiet von Bordeaux. Der kräftige, schwere rote Pécharmant paßt gut zu den Gänse- und Schweinefleischspezialitäten des Landes. Ein ideales Mitbringsel für zu Hause, denn man findet sie nicht sehr häufig bei uns.

Das Loiretal – Schlaraffenland der Könige

Von Süden her nähern wir uns der Loire. Im Poitou, dem Land der romanischen Kathedralen und Klöster, auf der Schwelle zwischen dem aquitanischen und dem Pariser Becken gelegen, sind die Ebenen mit Viehweiden und Getreideäckern bedeckt. Das Konfekt von Niort, Nougat aus Poitiers, Gebäck und Süßspeisen sollte man von hier nach Hause mitbringen. Das eigentliche Loiretal mit seinen zahllosen Schlössern und den von armdicken Spargeln, steinpilzgroßen Champignons, leuchtenden Tomaten und saftigem Obst überquellenden Märkten läßt einen die Vertreibung aus dem Paradies vergessen. Im Anjou liefern die Rinderherden von Cholet erstklassiges Fleisch, die Loire und vor allem ihre Nebenflüsse sind reich an köstlichen Fischen. Wegen des milden Klimas gedeihen vor allem am Nordufer eine Reihe von Weinspezialitäten. An der Loire werden die meisten Schaumweine von Frankreich erzeugt, sieht man einmal von der Champagne ab. Vouvray ist ein feiner Weißwein, interessante Rotweine stammen aus Chinon und Bourgueil. Der bekannteste Wein ist der Rosé d'Anjou, ein unkomplizierter Durstlöscher, der allerdings in sehr unterschiedlicher Qualität hergestellt wird. In den Caves, von den Römern in das bröckelige Gestein gesprengte Höhlen, kann man die Spezialitäten des Landes probieren. Auf dem Weg nach Paris, dem Ausgangspunkt unserer Reise, erreichen wir die obere Loire um Orléans sowie das Berry. An erster Stelle steht hier das Wild aus den ehemals königlichen Jagdgebieten, Wachteln, Rebhühner, Rotwild, Kaninchen und Hasen. Orléans ist bekannt für seinen Essig, denn der Wein erreicht hier keine Trinkqualität. Aus dem Berry stammt der feine weiße Sancerre, und zwar aus der gleichnamigen Stadt, wo im Mai ein Weinfest stattfindet.

Korsika

Zum Schluß noch ein weiter Sprung zur Insel der Schönheit im Mittelmeer. Die Küche der nur politisch zu Frankreich gehörenden Insel Korsika ist nicht französisch, sie ist korsisch – wenngleich man korsische Gerichte nur im Inneren des Landes findet. Zicklein, Schnepfen, roher Schinken, ein köstlicher Honig, Schweinefleisch von Kreuzungen aus Wild- und Hausschwein, Ziegenkäse, Brocciu, Gerichte aus Kastanien und Kastanienmehl bestimmen hier die Küche. Die ganze Insel duftet nach Kräutern. Sie sind ein wichtiges Gewürz, aber auch Grundlage von Schnäpsen und Likören. Korsische Weine werden zum Großteil aus alten regionalen Rebsorten gekeltert, stark und dunkel sind die Roten, die Weißweine trocken bis süß und die Rosés frisch und fruchtig. Außerdem werden feine, süße Obstweine aus Pfirsich, Kirsche und Aprikose erzeugt. Aus Korsika können Sie Honig, Kräuter und Obstwein mitbringen.
Wer im Juni auf Korsika Urlaub macht, sollte das St.-Erasmus-Fest in Ajaccio und das Fischerfest in Propriano nicht versäumen.

In dieser korsischen Käserei werden Schaf- und Ziegenkäse nach alter Tradition hergestellt.

Auf den verkarsteten Berghängen Korsikas weiden zahllose Schafe.

SUPPEN

Gleich hier befinden wir uns auf einem äußerst schwierigen Terrain. Die Frage, ob eine Suppe gereicht wird oder nicht, entscheiden die Franzosen meist nach der Länge des Menüs. In einem vielgängigen Menü kann sie an erster Stelle oder auch nach der kalten Vorspeise stehen. Doch wenn das Menü nur drei bis vier Gänge enthält, entfällt sie meist zugunsten der so beliebten Vorspeise, ob warm oder kalt – es sei denn, man befindet sich im Elsaß oder in der Provence.

Und damit die Sache mit der häufig weggelassenen Suppe nicht zu einfach wird, beschränken sich die Franzosen nicht auf die Entscheidung zwischen Ja oder Nein, sondern wählen auch noch zwischen Potage und Soupe. Potage, im 17. Jahrhundert noch die Bezeichnung für gekochten Fisch oder gekochtes Fleisch mit Gemüse, bedeutet heute allgemein das, was wir Suppe nennen. Potage ist eine Fleischbrühe mit Einlagen – Klößchen, Nudeln, feingeschnittenem Gemüse oder Fleisch –, sie kann klar oder gebunden sein. Unter Soupe versteht man eine Zubereitung auf der Basis von Wasser, ergänzt durch Brot, eine bäuerliche Variante also.

Ob Potage oder Soupe – glühend heiß muß sie sein und vor allem perfekt zu den folgenden Gängen passen.

Potage Parmentier

Vegetarisch • Gelingt leicht

Kartoffelsuppe französische Art

Zutaten für 4 Portionen:
350 g mehligkochende Kartoffeln
3 Stangen Lauch
Salz
schwarzer Pfeffer aus der Mühle
100 g Sahne
1 Bund Schnittlauch

Zubereitungszeit: 1 Std.

Pro Portion: 670 kJ/160 kcal

1 Kartoffeln schälen und kleinschneiden. Lauch putzen, grüne Blätter entfernen. Weiße Stangen in dünne Scheibchen schneiden und gründlich waschen.

2 Gemüse in einen Suppentopf geben. ³/₄ l Wasser angießen. Salzen, pfeffern. Den Topf zudecken, die Suppe etwa 20 Min. bei mittlerer Hitze kochen lassen.

3 Gemüse mit der Flüssigkeit durch ein Sieb passieren oder mit dem Pürierstab pürieren. In den Topf zurückgießen. Sahne unterrühren. Suppe nochmals erhitzen, aber nicht mehr kochen lassen.

4 Schnittlauch waschen, trockentupfen und in feine Röllchen schneiden. Obenauf streuen. Suppe sehr heiß servieren.

Variante: Statt Wasser können Sie die entsprechende Menge Hühnerbrühe verwenden.

Kartoffeln

Kartoffeln sind in Frankreich oft mehr als eine Beilage.

Viele Kartoffelgerichte tragen in Frankreich den Zusatz »Parmentier«. Tatsächlich ist es dem Apotheker Antoine Augustin Parmentier (1737–1813) zu verdanken, daß die Franzosen ihren Widerstand gegen jene nahrhafte Knolle aus den südamerikanischen Anden aufgaben. Die Kartoffel, um 1550 nach Europa gekommen, fand zunächst wenig Anklang. In Frankreich wurde sie trotz Hungerzeiten am längsten bekämpft. Parmentier setzte sich ab 1772 vehement für die Einführung der Kartoffel als Nahrungsmittel ein, und es ist letztlich sein Verdienst, wenn sie heute in ganz Frankreich weit mehr als eine Beilage ist. Köstliche Haupt- oder Zwischengerichte, wie Gratin dauphinois, Pommes de terre à la sarladaise oder Truffade, sind der beste Beweis dafür. Festkochende Kartoffeln eignen sich für Gratins und Kartoffelpfannen, vorwiegend festkochende als Pell- und Salzkartoffeln, mehligkochende Kartoffeln verwendet man für Suppen, Pürees oder zum Ausbacken als Pommes frites, Pommes pailles oder Kartoffelkroketten. Kaufen Sie möglichst ungewaschene, nicht in Plastik verpackte Ware. Grüne Verfärbungen sind giftig. Diese Stellen müssen Sie großzügig entfernen.

Potage Crécy

Aus der Île-de-France · Gelingt leicht

Karottencremesuppe

Zutaten für 4–6 Portionen:
400 g junge Karotten
1 Zwiebel
3 EL Butter
1 l Hühnerbrühe oder -fond
2 TL Tomatenmark
2 EL Reis
4 EL Sahne
Salz
weißer Pfeffer aus der Mühle

Zubereitungszeit: 1 Std.

Bei 6 Portionen pro Portion:
600 kJ/160 kcal

1 Karotten putzen, waschen und sehr fein würfeln. Zwiebel schälen und kleinschneiden.

2 In einem Suppentopf 2 EL Butter zerlassen, Zwiebel bei mittlerer Hitze unter Umrühren anschwitzen, nicht bräunen lassen. Karottenwürfel, Hühnerbrühe, Tomatenmark und Reis dazugeben, Hitze reduzieren. Suppe etwa 20 Min. im offenen Topf köcheln lassen.

3 Suppe durch ein Sieb passieren oder mit dem Pürierstab pürieren. Sahne unterrühren. Salzen, pfeffern. Nicht mehr kochen lassen. Vor dem Servieren 1 EL Butter dazugeben. Mit Karottenspänen garnieren.

Varianten: Statt der Hühnerbrühe können Sie Rinderbouillon verwenden oder 50 g Speckwürfel mit der Zwiebel anbraten.

Tip! Für diese Suppe am besten junge Karotten – eine kräftig rote, kurze Möhrensorte – verwenden. Sollten nur Möhren zur Hand sein, die äußeren, roten Teile in die Suppe geben.

Soupe de courge

Aus der Provence · Gelingt leicht

Kürbissuppe mit Lauch

Zutaten für 6 Portionen:

600 g Kürbis
500 g mehligkochende Kartoffeln
3 Stangen Lauch
2 mittelgroße Zwiebeln
4 EL Öl
4 EL Butter
Salz
schwarzer Pfeffer aus der Mühle
1 Msp. geriebene Muskatnuß

Zubereitungszeit: 1 Std.

Pro Portion: 930 kJ/220 kcal

1 Kürbis schälen, Kerne entfernen. Kartoffeln schälen. Beides würfeln. Lauch putzen und waschen, Zwiebeln schälen. Beides in feine Scheibchen schneiden.

2 In einem großen Suppentopf Öl und Butter erhitzen. Lauch- und Zwiebelscheibchen glasig dünsten, nicht bräunen lassen. Kürbis- und Kartoffelwürfel dazugeben. Etwas durchziehen lassen. 1½ l heißes Wasser dazugießen. Salzen, pfeffern, mit geriebener Muskatnuß würzen. Suppe zugedeckt etwa 15–20 Min. köcheln lassen.

3 Suppe durch ein Sieb passieren oder mit dem Pürierstab pürieren. Sehr heiß servieren.

Variante: Potage au potiron
(Kürbissuppe)
1 kg Kürbis mit 300 ml Wasser und Salz etwa 20 Min. kochen lassen, abgießen, durch ein Sieb passieren. ¾ l Milch zum Kochen bringen, das Mus dazugeben. 1 EL Butter und 100 g Sahne dazugeben. Mit etwas Zucker und Muskatnuß würzen, salzen, pfeffern. Nach Belieben in Butter geröstete Brotwürfel auf die Suppe streuen.

Info: Courge ist der allgemeine Ausdruck für Kürbis, Courgettes sind kleine Kürbisse, zu denen auch Zucchini gehören. Unter Potiron versteht man speziell den großen gelben Kürbis, wie er bei uns im Herbst auf die Märkte kommt.

Bisque d'écrevisses

Braucht etwas Zeit

Feine Krebssuppe

Zutaten für 6 Portionen:
2 junge Möhren
2 kleine Zwiebeln
1 Knoblauchzehe
200 g Butter
1 Zweig Thymian
1 Lorbeerblatt
½ Bund Petersilie
einige Stengel Kerbel
18 Flußkrebse
2 cl Cognac
450 ml trockener Weißwein
Salz
schwarzer Pfeffer aus der Mühle
1 Prise Cayennepfeffer
100 g Reis
100 g Sahne

Zubereitungszeit: 1½ Std.

Pro Portion: 1900 kJ/ 450 kcal

1 Möhren putzen, waschen und fein würfeln. Zwiebeln und Knoblauch schälen. Zwiebeln fein hacken. Möhren und Zwiebeln mit 60 g Butter in einer Kasserolle andünsten. Kräuter im Ganzen dazugeben. Knoblauch dazupressen. Etwa 15 Min. schmoren lassen, dabei häufig umrühren.

2 In einem anderen Topf reichlich Wasser zum Kochen bringen. Krebse in das sprudelnd kochende Wasser geben, zudecken. 5–10 Min. bei mittlerer Hitze sieden lassen.

3 Krebse zu dem Gemüse geben und unter Umwenden mitschmoren lassen. Cognac in einer Schöpfkelle leicht erwärmen, anzünden und brennend über die Krebse gießen. Vorsichtig hantieren, damit es keine Stichflamme gibt. Reichlich ¾ l Wasser und Wein angießen. Salzen, pfeffern, mit Cayennepfeffer würzen. Noch etwa 12 Min. zugedeckt bei schwacher Hitze kochen lassen.

4 Währenddessen 250 ml Wasser zum Kochen bringen, Reis dazugeben, salzen und pfeffern. Den Reis in 15–20 Min., je nach Sorte, garen.

5 Inzwischen Krebse aus dem Sud heben, abkühlen lassen. Krebsschwänze auslösen, beiseite legen. Etwa die Hälfte der Köpfe und Schalen in einem Mörser zerstoßen oder mit dem Blitzhacker zerkleinern. Zusammen mit dem Reis in ein Sieb geben und durchpassieren. Mit dem Sud anfeuchten. Mit dem restlichen Sud durch ein Tuch oder sehr feines Sieb seihen.

6 Suppe kurz aufkochen lassen, dabei mit dem Schneebesen schlagen. Krebsschwänze halbieren, in die Suppe geben. Den Topf vom Herd nehmen, Rest der Butter unterrühren, mit Sahne binden. Evtl. mit Petersilie garnieren.

Le mourtaïrol

Aus dem Périgord · Braucht etwas Zeit

Safransuppe

Zutaten für 4 Portionen:
500 g Hühnerklein
2–3 Kalbsknochen oder 1 Kalbsfuß
2 Bund Suppengrün
Salz
2 Päckchen Safran (à 0,1 g)
4 dicke Scheiben Weißbrot oder helles Landbrot

Zubereitungszeit: 2 1/4 Std.

Pro Portion: 2400 kJ/570 kcal

1 Hühnerklein und Kalbsknochen kalt abbrausen. Suppengrün putzen und waschen.

2 Zutaten mit 2 l kaltem Wasser in einem Suppentopf aufsetzen und zugedeckt etwa 1 1/2 Std. bei mittlerer Hitze kochen lassen. Salzen. Immer wieder abschäumen.

3 Die Brühe durchseihen, evtl. entfetten, d.h. das Fett abschöpfen oder mit in Küchenpapier eingewickelten Eiswürfeln darüber fahren. Das Fett bleibt an dem Papier hängen. Safran einstreuen und unterrühren. Backofen auf 200° (Gas Stufe 3) vorheizen.

4 Brotscheiben in eine feuerfeste Schüssel legen. Hühnerbrühe darüber gießen, bis die Scheiben keine Flüssigkeit mehr aufnehmen. Die Schüssel in den Backofen (Mitte) stellen.

5 Restliche Hühnerbrühe erhitzen, immer wieder etwas davon auf die Brotscheiben schöpfen. Nach etwa 30 Min. die Schüssel aus dem Ofen nehmen, den Rest der Brühe dazugießen. Sehr heiß servieren.

Variante: Statt Hühnerklein 1/2 Suppenhuhn kochen und am nächsten Tag verwenden.

Consommé aux profiteroles

Etwas schwieriger

Kraftbrühe mit Windbeutelchen

Zutaten für 8 Portionen:
Für die Consommé:
1 Stange Lauch · 1 große Möhre
einige Stengel Kerbel
250 g Hackfleisch vom Rind
2 Eiweiß
2½ l Fleischbrühe oder -fond
Salz

Für die Windbeutelchen:
30 g Butter · Salz · 60 g Mehl
20 g geriebener Gruyère · 1 Ei

Zubereitungszeit: 1½ Std.

Pro Portion: 800 kJ/190 kcal

1 Für die Consommé Lauch und Möhre putzen, waschen und in feinste Scheibchen schneiden. Kerbel waschen, trockentupfen und fein hacken. In einer Schüssel mit Hackfleisch und Eiweiß gut vermengen.

2 Fleischmischung mit der kalten Brühe in einen Topf geben und unter ständigem Umrühren zum Kochen bringen. Mit Salz abschmecken. Bei schwacher Hitze zugedeckt etwa 45 Min. sieden lassen. Eiweiß und Hackfleisch steigen an die Oberfläche, die Brühe wird klar. Brühe durch ein Tuch seihen.

3 Während die Brühe kocht, Brandteig bereiten. Butter in einer Kasserolle zerlassen. ⅛ l Wasser dazugeben, salzen. Einmal aufschäumen lassen. Die Kasserolle vom Herd nehmen und Mehl, Käse und Ei dazurühren. Die Kasserolle wieder aufsetzen und den Teig mit dem Holzlöffel umrühren, bis sich der Teig vom Topf löst.

4 Backofen auf 175° (Gas Stufe 2) vorheizen. Mit zwei Teelöffeln Teigbällchen in der Größe von Haselnüssen formen und auf ein gebuttertes Backblech setzen. Im Backofen (Mitte) in etwa 10 Min. backen.

5 Teigbällchen in eine Terrine geben, die Consommé darüber gießen. Servieren.

Soupe à l'oignon

Aus Paris · Gelingt leicht

Zwiebelsuppe

Zutaten für 6 Portionen:
250 g milde Zwiebeln
70 g Butter
1 EL Mehl
Salz
schwarzer Pfeffer aus der Mühle
6 dünne Scheiben Weißbrot
100 g geriebener Gruyère

Zubereitungszeit: 50 Min.

Pro Portion: 1200 kJ/290 kcal

1 Zwiebeln schälen und sehr fein hacken.

2 Zwiebeln nach Möglichkeit in einem Kupfertopf mit 50 g Butter goldgelb anbraten.

3 Mehl anstäuben, 1½ l Wasser angießen. Salzen, pfeffern. Etwa 30 Min. zugedeckt köcheln lassen. Backofen auf höchste Stufe vorheizen.

4 Brotscheiben in einer Pfanne oder im Backofen ohne Fett rösten. Suppe in feuerfeste Suppentassen gießen. Mit je 1 Scheibe abdecken. Käse darüber streuen. Butterflöckchen obenauf legen.

5 Im Backofen (Mitte) in etwa 7 Min. überbacken. Heiß servieren.

Variante: Zum Schluß mit 2 cl Portwein oder Cognac parfümieren.

Info: Soupe à l'oignon, in ganz Frankreich bekannt, ist eine Spezialität aus Paris, wo sich früher in den Kneipen um die Markthallen Frühaufsteher und Nachtschwärmer ein Stelldichein bei dampfender Zwiebelsuppe gaben. Die Markthallen gibt es nicht mehr – die Zwiebelsuppe jedoch ist nicht mit ihnen untergegangen.

MARQUE DE
Notre HUILE D'OLIVE VIERGE extra véritable jus de fruit
Coopérative

KALTE VORSPEISEN UND SALATE

Hors-d'œuvre – im Wortsinn der Außenseiter im französischen Menü, im Bewußtsein der eß- und trinkfreudigen Franzosen die schönste Nebensache der Welt.
Kein Alltagsessen ohne ein wenn auch winziges Zuvor, das nur aus ein paar Salamischeiben und Oliven bestehen kann. Das Hors-d'œuvre weckt Vorfreude, bereitet den Gaumen auf kommende Genüsse vor und steht zwischen der Tageslast und der Lust am Essen.
Nach dem Apéritif, der immer vor den Mahlzeiten getrunken wird, entspannt man sich bei appetitanregenden Vorgerichten, öffnet die erste Flasche Wein und spendet der Gastgeberin die ersten Komplimente.
Einfach oder raffiniert, jedoch immer kalorienarm, präsentiert sich die kalte Vorspeise im französischen Menü, sie ist neben dem Hauptgang das einzige wirklich unentbehrliche Element.
Hors-d'œuvre kann eine Rohkost- oder Aufschnittplatte sein, ein raffiniertes kaltes Gericht, die Terrine maison, eine Fleischterrine nach Art des Hauses, oder ein Salat. Salate, ob mit oder ohne Fleisch- oder Fischbeilage, werden in Frankreich gern vor dem Essen gereicht. So kommen sie besser zur Geltung. Reine Blattsalate serviert man als erfrischenden Zwischengang nach dem Hauptgericht.
Zur kalten Vorspeise, mit Ausnahme der meisten Salate, wird trockener Weißwein, Champagner, Rosé oder auch ein leichter Rotwein getrunken.

Crudités à l'anchoïade

Aus der Provence · Gelingt leicht

Rohkostplatte mit Anchovissauce

Zutaten für 6 Portionen:
1 Staude Bleichsellerie
2 Knollen Fenchel
je 2 rote und gelbe Paprikaschoten
2 Stauden Chicorée
2 Kopfsalatherzen

Für die Anchovissauce:
12 Sardellenfilets (Anchovis) in Öl
4–6 Knoblauchzehen
schwarzer Pfeffer aus der Mühle
200 ml Olivenöl, kaltgepreßt

Zubereitungszeit: 40 Min.
(+ 30 Min. Wässern)

Pro Portion (mit Sauce):
1700 kJ/400 kcal

1 Für die Sauce Sardellenfilets abtropfen lassen, das Öl aufbewahren. Filets etwa 30 Min. wässern.

2 Alle Gemüse kalt abbrausen, abtropfen lassen. Bleichsellerie putzen, in fingerlange Stücke schneiden. Fenchel unten abschneiden, grüne Stiele entfernen, das zarte Kraut aufbewahren. In dünne Scheibchen schneiden. Paprikaschoten von Kernen, Rippen und Stielen befreien, in Streifen schneiden. Außenblätter des Chicorée entfernen, Wurzelende keilförmig herausschneiden, Blätter quer in Streifen schneiden. Salatherzen zerlegen, Blätter in mundgerechte Stücke reißen. Gemüse auf 6 Portionsteller verteilen oder auf einer Platte anrichten.

3 Knoblauchzehen mit der Schale etwa 5 Min. kochen. Schälen, mit einer Gabel zermusen oder im Mörser zerkleinern. In einer Kasserolle ins Wasserbad stellen. Sardellenfilets dazugeben und etwa 20 Min. im Wasserbad bei schwächster Hitze garen. Pfeffern. Das Öl aus der Dose und das Olivenöl dazugeben. Alles gut mischen, dabei die Sardellenfilets mit einer Gabel zerdrükken. Die Sauce warm zur Rohkost servieren.

Varianten:

Möhren mit Eisauce
250 g Möhren putzen, waschen, auf der Rohkostreibe raspeln. 1 hartgekochtes Ei trennen. Eigelb mit 1 TL Senf, Salz und Pfeffer verrühren. Eiweiß hacken und daruntermischen. 3 EL Öl unterrühren. Sauce unter die Möhren heben.

Sauce rémoulade
3 sehr frische Eigelb in eine Schüssel geben, salzen, pfeffern und mit 1 TL Weinessig oder Zitronensaft verrühren. Nach und nach, unter ständigem Schlagen mit dem Handrührgerät, 1/2 l Öl mit dünnem Strahl dazugießen. Zum Schluß 1 EL kochend heißes Wasser darunterrühren. 2 EL Kapern, 2–3 Cornichons und 1 Bund gemischte Kräuter (Petersilie, Schnittlauch, Estragon, Kerbel) fein hacken und unter die Mayonnaise mischen. Mit 1/2 TL scharfem Senf abschmecken.

Wichtiger Hinweis: Bitte verwenden Sie nur ganz frische Eier von freilaufenden Hühnern, um das Salmonellenrisiko zu vermeiden.

Terrine de poisson

Festlich · Braucht etwas Zeit

Fischterrine

Zutaten für 8 Portionen; für eine Kastenform von 35 cm Länge:
Für die Mousse:
500 g Fischfilets (z.B. je 250 g von Kabeljau und Rotbarsch oder von Seezunge, Merlan, Seehecht)
2–3 Eiweiß
250 g Crème double
Salz
weißer Pfeffer uas der Mühle
Für die Terrine:
1 EL Butter
10 dünne Scheiben frischer Lachs (etwa 400 g, vom Händler 3 mm dick schneiden lassen)
Salz
weißer Pfeffer aus der Mühle
Für die Vinaigrette:
2 Eier, hartgekocht
Salz
weißer Pfeffer aus der Mühle
1 TL scharfer Senf
3 EL milder Weißweinessig
10 EL gutes Öl
100 g frische Kräuter (Kerbel, Schnittlauch, Petersilie, Estragon)
2 TL Kapern

Zubereitungszeit: 1½ Std. (+ insgesamt 2–3 Std. Kühlen)

Pro Portion: 1800 kJ/430 kcal

1 Fischfleisch im Mörser oder mit dem elektrischen Blitzhacker sehr fein zerkleinern. Eiweiß hinzufügen und alles zu einem glatten Püree verrühren.

2 Pürierten Fisch in eine Glas- oder Metallschüssel geben und zudecken. Schüssel in ein größeres Gefäß stellen, das mit Eiswürfeln oder zerstoßenem Eis gefüllt ist, und die Fischmasse 1–2 Std. im Kühlschrank durchkühlen lassen.

3 Gefäße aus dem Kühlschrank nehmen, evtl. Eis nachüllen. Crème double nach und nach in kleinen Mengen mit einem Holzlöffel unterrühren. Alles salzen, pfeffern und kühl stellen.

4 Backofen auf 175° (Gas Stufe 2) vorheizen.

5 Innenseite der feuerfesten Kastenform mit Butter ausstreichen. Lachsfilets salzen und pfeffern und so in die Form legen, daß sie leicht überlappen und die Enden über die Außenkanten hängen.

6 Fischmousse in die Form füllen, Oberfläche glatt streichen. Enden der Filets über der Mousse zusammenschlagen. Mit gebuttertem Backpapier bedecken.

7 Form in ein größeres Gefäß, z.B. eine Reine, stellen und etwa 3 cm hoch Wasser angießen. Terrine im Backofen (Mitte) in 35–40 Min. garen.

8 Form aus dem Ofen und aus dem Wasserbad nehmen und etwa 10 Min. ruhen lassen.

9 Inzwischen die Eier schälen, Eigelbe herauslösen und mit einer Gabel zerdrücken. Salzen und pfeffern. Senf, Essig und Öl unterrühren. Kräuter waschen, trockenschwenken und fein hacken. Mit den Kapern unter die Sauce rühren.

10 Papier entfernen und Terrine stürzen. Dazu eine umgedrehte Servierplatte fest auf die Form pressen und die Form umdrehen. Die Terrine kalt mit der Vinaigrette servieren. Sie schmeckt aber auch warm oder lauwarm sehr gut.

Getränk: Dazu schmeckt ein leichter trockener Weißwein, z.B. ein Sancerre, ein Entre-deux mers oder ein Graves.

Asperges à la vinaigrette

Spargel in Essig-Öl-Sauce

Aus dem Lyonnais · Gelingt leicht

Zutaten für 4 Portionen:
1 kg weißer oder grüner Spargel
1 Prise Zucker
1 EL Zitronensaft · Salz

Für die Sauce:
4 hartgekochte Eier · 2 Eigelb (roh)
200 ml Olivenöl, kaltgepreßt
100 ml guter Weinessig
1½ TL scharfer Senf · 2 TL Kapern
4 EL Rotwein · Salz
schwarzer Pfeffer aus der Mühle
1 Bund Petersilie · Kerbel nach Wahl

Zubereitungszeit: 45 Min.
(+ 30 Min. Abkühlen)

Pro Portion (mit Sauce):
2900 kJ/690 kcal

1 Weißen Spargel ganz, grünen Spargel nur im unteren Bereich schälen, die harten Enden abschneiden. Mit Küchengarn bündeln.

2 Reichlich Wasser in einem großen Topf zum Kochen bringen. Zucker und Zitronensaft dazugeben, salzen. Spargel einlegen, bei mittlerer Hitze weißen Spargel in etwa 20 Min., grünen in etwa 10 Min. garen.

3 Spargelbündel lösen, Stangen auf Küchenpapier ausbreiten, abkühlen lassen.

4 Inzwischen die Vinaigrette bereiten. Harte Eier trennen. Eigelb mit einer Gabel zermusen. Eiweiß fein hacken, beiseite stellen. Rohes und gekochtes Eigelb in einer Schüssel mischen. Öl, Essig, Senf, Kapern und Rotwein unterrühren. Salzen, pfeffern.

5 Petersilie und (nach Geschmack) ein paar Kerbelstengel waschen, trockentupfen, hacken und zusammen mit den Eiweißwürfeln in die Sauce geben.

6 Spargel auf einer Platte anrichten, mit der Sauce übergießen.

Getränk: Dazu paßt ein kräftiger Weißwein, z.B. ein Elsässer Riesling.

Variante: Spargel mit einer einfachen Marinade aus Essig, Öl, Pfeffer und Salz anrichten.

Wichtiger Hinweis: Bitte verwenden Sie nur ganz frische Eier von freilaufenden Hühnern, um das Salmonellenrisiko zu verringern.

Champignons à la moutarde

Champignons mit Senfsauce

Aus dem Loiretal · Geht schnell

Zutaten für 4 Portionen:
500 g weiße, ganz frische Champignons
6 EL Olivenöl, kaltgepreßt
2 TL scharfer Senf
Salz
schwarzer Pfeffer aus der Mühle

Zubereitungszeit: 25 Min.

Pro Portion: 650 kJ/150 kcal

1 Champignons mit Küchenpapier abreiben. Wenn notwendig, die Haut von den Hüten abziehen. Den sandigen Fuß abschneiden.

2 Pilze sehr kurz unter kaltem Wasser abbrausen, damit sie keine Feuchtigkeit aufsaugen. Evtl. auf das Waschen verzichten.

3 Champignons in nicht zu feine Scheiben schneiden.

4 Öl und Senf mit einem Schneebesen gut verrühren. Salzen, pfeffern.

5 Senfsauce über die Champignons gießen, vorsichtig unterheben.

Info: Ausgedehnte Champignonkulturen gibt es in der Nähe von Saumur, an der Loire, wo schon die Römer Stollen in das brüchige Gestein getrieben haben. Sie erreichen dort Größen wie hierzulande die Steinpilze.

Tip! Für diese Champignonzubereitung eignen sich nur knackig frische, am besten junge Pilze. Achten Sie auf blendend weißes Aussehen.

Artichauts à la ciboulette

Aus der Bretagne · Gelingt leicht

Artischocken mit Schnittlauch

Zutaten für 4 Portionen:
4 Artischocken
Saft von 1 Zitrone
Salz
2 hartgekochte Eier
1 großes Bund Schnittlauch
1 TL scharfer Senf
2 EL Weinessig
6 EL Olivenöl, kaltgepreßt
schwarzer Pfeffer aus der Mühle

Zubereitungszeit: 50 Min.

Pro Portion: 1500 kJ/360 kcal

1 Von den Artischocken die Stiele abbrechen, äußere Blätter entfernen, Spitzen der übrigen Blätter mit einer Küchenschere abschneiden. Waschen, dabei die Blätter etwas auseinanderziehen.

2 In einem großen Topf (niemals Aluminiumgeschirr verwenden) reichlich Wasser mit Zitronensaft und Salz zum Kochen aufsetzen. Artischocken mit dem Stielende nach unten bei mittlerer Hitze im offenen Topf in etwa 40 Min. weich kochen. Wenn sich ein Blatt leicht herausziehen läßt, ist die Artischocke gar.

3 Inzwischen Eier pellen und fein hacken. Den Schnittlauch kalt abbrausen, trockentupfen und in Röllchen schneiden.

4 Senf, Essig und Öl zu einer Sauce rühren. Ei und Schnittlauch dazugeben.

5 Artischocken aus dem Kochwasser heben, umgekehrt auf die Blätter stellen, gut abtropfen lassen. Lauwarme Artischocken mit Schnittlauchsauce servieren.

Tip! Wenn Sie die Stiele abbrechen und nicht abschneiden, ziehen Sie gleichzeitig die harten Fäden aus dem Boden der Artischocke heraus.

Artischocken

Katharina von Medici brachte die Pflanze im 16. Jahrhundert aus Sizilien nach Frankreich und aß selbst so viel davon, daß sie »daran zu sterben« meinte. Heute gedeiht die distelartige Staude, deren Blütenköpfe als Artischocken so geschätzt sind, vor allem in der Bretagne, im Anjou, in der Provence, im Roussillon, im Tal der Garonne und um Paris. Die etwa faustgroßen Blütenköpfe sind rundlich oder zylindrisch und wiegen 100–500 g. Es gibt eine Vielzahl von Artischocken-Sorten, von hellgrün über grün zu grünviolett und violett. Die großen, grünen bretonischen Artischocken sind besonders gefragt wegen ihrer köstlichen breiten Böden. Kleine Sorten werden ganz jung auch roh gegessen, einfach mit Salz, im Salat oder in Omelettes eingebacken. In der Regel ißt man die Artischocken gekocht, zieht die einzelnen Blätter vom Blütenkopf ab, taucht sie in eine Sauce und ißt deren fleischigen Teil. Anschließend entfernt man das »Heu« – den eigentlichen Blütenansatz – und genießt den Boden. Beim Einkauf sollten Sie auf frisches Aussehen achten, angetrocknete Blattspitzen oder Braunfärbung sind ein Zeichen für zu lange Aufbewahrung. Artischocken sind reich an Ballaststoffen, enthalten Eiweiß, Fett, Kohlenhydrate, Mineralstoffe, die Vitamine A, B1, B2, C, Niacin und Folsäure – und vor allem sind sie natriumarm und für Diabetiker geeignet.

Artischocken aus der Bretagne sind besonders gefragt.

Salade niçoise

Aus dem Comté de Nice · Gelingt leicht

Nizza-Salat

Zutaten für 4 Portionen:
1 Kopfsalat
3 Frühlingszwiebeln
4 Artischockenherzen (aus dem Glas)
500 g Tomaten
1 Dose Thunfisch (50 g)
24 schwarze Oliven
3 EL Olivenöl, kaltgepreßt
1 EL guter Weinessig · Salz
schwarzer Pfeffer aus der Mühle
1 Prise getrocknete provenzalische Kräuter

Zubereitungszeit: 20 Min.

Pro Portion: 810 kJ/190 kcal

1 Kopfsalat in einzelne Blätter zerlegen, waschen. Blätter trockenschleudern. Auf vier Portionsteller verteilen. Frühlingszwiebeln putzen, waschen, in Ringe schneiden. Artischockenherzen abtropfen lassen, vierteln.

2 Tomaten waschen und quer in dünne Scheiben schneiden. Tomatenscheiben, Frühlingszwiebeln und Artischockenherzen auf den Salatblättern anrichten. Thunfisch abtropfen lassen, Öl aus der Dose auffangen. Thunfisch auf den Tomaten verteilen. Oliven obenauf legen.

3 Öl aus der Thunfischdose mit Olivenöl und Essig verrühren. Salzen, pfeffern. Über den Salat gießen. Kräuter zwischen den Fingern zerreiben und obenauf streuen.

Varianten: Statt des Thunfischs Sardellenfilets wässern und auf dem Salat verteilen.
Statt des Kopfsalats Endiviensalat oder Frisée verwenden. Die Hälfte der Tomaten, dafür 2 gelbe Paprikaschoten, 2 Stangen Bleichsellerie, 1 gehackte Gemüsezwiebel und 2 hartgekochte Eier an den Salat geben.

Œufs durs farcis vert-pré

Gelingt leicht · Geht schnell

Gefüllte Eier Gärtnerin-Art

Zutaten für 4 Portionen:
6 Spinatblätter
1 kleines Bund Petersilie
2 Zweige frischer Estragon
10 Stengel Schnittlauch
4 hartgekochte Eier

Für die Sauce:
2 EL Mayonnaise
1 TL mittelscharfer Senf
1 TL Essig · Salz
schwarzer Pfeffer aus der Mühle

Zum Garnieren:
4 Cornichons · 4 Kopfsalatblätter

Zubereitungszeit: 25 Min.

Pro Portion: 1000 kJ/240 kcal

1 Spinatblätter von Stiel und Rippen befreien, waschen, trockentupfen. Kräuter waschen und trockenschwenken. Alles sehr fein hacken. Die Mischung soll etwa 3 EL ergeben.

2 Mayonnaise mit Senf und Essig verrühren. Salzen, pfeffern.

3 Eier der Länge nach halbieren. Eigelb herausnehmen. Mit gemischten Kräutern und Mayonnaise verrühren.

4 Eier mit der Masse füllen. Cornichons in sehr feine Scheibchen schneiden. Gefüllte Eier damit garnieren.

5 Salatblätter waschen und mit Küchenpapier gut trockentupfen. Auf einer Platte auslegen. Gefüllte Eier darauf anrichten.

Variante: Für die Füllung 1 TL Senf, 1 EL Weinessig, 2 EL Öl und 1 EL kleine Kapern mit den hartgekochten Eigelben verrühren. Salzen, pfeffern.

Info: Gefüllte Eier sind in Frankreich als Vorspeise sehr beliebt. Unkompliziert – variantenreich – preiswert: genau richtig als Entrée für das alltägliche Menü.

Thon Blanc
à l'huile d'olive
OPINEL

Salade de crosnes

Aus der Île-de-France · Gelingt leicht

Ziestsalat mit Muscheln

Zutaten für 6 Portionen:
500 g festkochende Kartoffeln
Salz
500 g Knollenziest
(ersatzweise Schwarzwurzeln)
grobes Salz
1 EL Mehl
1,5 kg frische Miesmuscheln
100 ml trockener Weißwein
1 Staude Bleichsellerie
einige Stengel frischer Estragon
8 EL Öl
2 EL Sherryessig
schwarzer Pfeffer aus der Mühle

Zubereitungszeit: 1 Std.

Pro Portion:
1300 kJ/ 310 kcal

1 Kartoffeln mit Schale in etwa 20 Min. in Salzwasser garen.

2 Inzwischen Knollenziest auf ein Küchentuch legen, mit grobem Salz überstreuen, das Tuch über den Knollen zusammenschlagen. Die Knollen abrubbeln, um die trockenen Häutchen zu entfernen. Knollen waschen. In einem weiteren Topf in Salzwasser mit Mehl in etwa 20 Min. garen.

3 Muscheln unter fließendem kaltem Wasser von Bärten befreien. Bereits geöffnete Exemplare aussortieren. ¼ l Wasser in einem großen Topf zum Kochen bringen. Muscheln hineingeben, zudecken und erhitzen, bis sich die Schalen öffnen. Muscheln, die sich nicht geöffnet haben, wegwerfen. Sie sind verdorben. Das Muschelfleisch aus den Schalen lösen, in einer Schüssel abkühlen lassen.

4 Kartoffeln pellen, in Scheiben schneiden, in eine weitere Schüssel geben, mit Wein übergießen, abkühlen lassen. Knollenziest in einem Sieb abtropfen lassen.

5 Vom Bleichsellerie Stangen mit Kraut entfernen, das Herz in feine Streifen schneiden, waschen. Estragonblättchen waschen, trockentupfen, abzupfen und in Streifchen schneiden.

6 Alle Salatzutaten in einer großen Schüssel vorsichtig mischen.

7 Aus Öl, Essig, Salz und Pfeffer eine Salatsauce rühren. Über den Salat gießen, untermischen. Salat lauwarm oder kalt servieren.

Knollenziest

In Frankreich heißt diese Knolle mit dem zarten, feinen Geschmack Crosnes, nach dem gleichnamigen Städtchen unweit Paris in der Île-de-France. Bei uns sind die 5–7 cm langen und 1–2 cm dicken, schrumpeligen Knollen unter den Namen Stachys, Japanische Kartoffel oder Chinesische Artischocke bekannt. Die Namen deuten auf ihren Ursprung im Fernen Osten hin. In Europa wird die Pflanze seit über 200 Jahren hauptsächlich in Frankreich angebaut. Zubereitet wird sie wie im Rezept beschrieben und als Gemüse oder Salatzutat verwendet. Achten Sie beim Einkauf unbedingt auf strahlend weiße Farbe, bräunliche Knollen sind getrocknet und mit Wasser aufgefrischt. Knollenziest ist nährstoffreich, leicht verdaulich und für Diabetiker geeignet. Bei uns werden Sie Knollenziest nur auf großen Märkten und in Spezialitätengeschäften finden, aber es lohnt sich, ihn von einer Frankreichreise mitzubringen und Ihre Freunde damit zu überraschen.

Knollenziest ist besonders nährstoffreich und kalorienarm.

Terrine de foies de volaille

Aus Lothringen · Braucht etwas Zeit

Geflügelleberterrine

Zutaten für 6–8 Portionen:
500 g Geflügelleber von Gans oder Hähnchen
250 g Schnitzelfleisch vom Kalb
250 g Schnitzelfleisch vom Schwein
300 g weiches Schweineschmalz
2 TL Pfeffer, frisch gemahlen
2 gestrichene TL Salz
½ TL Nelkenpulver
½ TL Ingwerpulver
½ TL Muskatnuß, frisch gerieben
4 cl Cognac oder Armagnac
ein paar frische dünne Speckscheiben zum Auslegen der Terrine
1 Lorbeerblatt
1–2 Zweige Thymian

Zubereitungszeit: 1 Std.
(+ 10 Std. Ruhen für den Teig + 50 Min. Garen)

Bei 8 Portionen pro Portion:
2700 kJ/640 kcal

1 Fleisch und Leber gut vorkühlen. Sie müssen für die Verarbeitung kalt sein. Geflügelleber kalt abbrausen, von allen Häutchen und Adern befreien. 3–4 Lebern kühl stellen. Den Rest zusammen mit dem kleingeschnittenen Fleisch durch den Fleischwolf drehen oder mit dem Blitzhacker zerkleinern.

2 Schmalz unter die Masse kneten, alle Gewürze hinzufügen, mit Weinbrand parfümieren. Rührgefäß in eine Schüssel mit Eiswürfeln stellen und etwa 10 Min. rühren, bis eine homogene Masse entstanden ist. Teig im Kühlschrank etwa 10 Std. zugedeckt ruhen lassen.

3 Dann eine Terrinenform mit Speckscheiben auslegen. Die Hälfte des Fleischteiges einfüllen, gut festdrücken, damit keine Luftlöcher entstehen. Die ganzen Lebern auf dem Teig verteilen.

4 Die zweite Hälfte des Fleischteiges einfüllen, andrücken. Lorbeerblatt und Thymianzweige obenauf legen. Die Terrine zudecken. Backofen auf 250° (Gas Stufe 5) vorheizen.

5 In einen großen, flachen Topf etwa drei Finger hoch Wasser füllen. Die Terrine hineinstellen. Auf einen Bratrost in den Backofen (unten) schieben. Wenn das Wasser kocht, die Hitze auf 220° (Gas Stufe 4) reduzieren.

6 Die Terrine in etwa 50 Min. garen. Dabei den Wasserspiegel beobachten, evtl. warmes Wasser nachgießen.

7 10 Min. vor Ende der Garzeit den Deckel abnehmen und die Terrine leicht bräunen lassen.

8 Ein Pergamentpapier auf die Terrine legen, ein Küchenbrett oder einen Teller obenauf stellen und beschweren, damit das Fett herausgedrückt wird.

9 Terrine bis zum Servieren kühl stellen.

Getränk: Zur Terrine paßt ein heller Rotwein, z.B. ein Côtes-de-Provence.

Tip! Evtl. mit Salatblättern garnieren. Für Festtage ein paar Trüffelscheiben obenauf legen.

WARME VORGERICHTE UND BEILAGEN

Die warmen Vorgerichte eröffnen ein weites Feld der kulinarischen Phantasie. Sie können anstelle der kalten Vorspeisen und der Suppen am Anfang des Menüs stehen, aber auch zwischen den Gängen, vor dem Fleischgang oder vor dem eingeschobenen Fischgang. Sie werden auch als Zwischengerichte zu jeder Tageszeit auf den Tisch serviert, wenn einem nach etwas Delikatem zumute ist oder wenn unverhofft Gäste hereinschneien.

Warme Vorspeisen innerhalb eines Menüs sollten knapp bemessen sein, damit sie nicht die Lust auf Kommendes verderben. In diese Kategorie gehören vor allem die in jeder Region beliebten Omelette-Zubereitungen und die warmen Pâtés und Terrinen. Außerdem Weinbergschnecken in vielen Varianten, feine Gemüse- und Pilzgerichte, die Quiches und Tartes, in Blätter- oder Briocheteig eingebackene Würste oder in Teig fritierte Gemüse, Aufläufe und nicht zuletzt die salzigen Crêpes.

Entgegen früheren Gewohnheiten essen die Franzosen heute nicht nur Brot zum Essen. Vor allem das beliebte Gratin dauphinois, Gratin de Courge und Ratatouille werden heute gerne als Beilagen gegessen.

Zu Entreés trinken die Franzosen, je nach Gericht, trockenen Weißwein, Champagner, Rosé oder einen leichten Rotwein.

Quiche au saumon

Aus den Landes · Raffiniert

Lachstorte

Zutaten für eine Tarte- oder Springform von 28 cm Ø (etwa 8 Stück):

Für den Teig:

250 g Mehl (+ Mehl für die Arbeitsplatte) · Salz

1 Eigelb

125 g kalte Butter

(+ Butter für die Kuchenform)

Für den Belag:

4 Eier

2 Eigelb

250 g Crème fraîche

1 Msp. geriebene Muskatnuß

Salz

schwarzer Pfeffer aus der Mühle

3 große Scheiben Räucherlachs (150 g)

50 g Butter

Zubereitungszeit: 50 Min. (+ 2 Std. Ruhen + 20–25 Min. Backen)

Bei 8 Portionen pro Portion: 2100 kJ/ 500 kcal

1 Mehl auf eine Arbeitsplatte sieben. In die Mitte eine Vertiefung drücken. Salz, Eigelb und Butter in kleinen Stücken in die Vertiefung geben. 50 ml kaltes Wasser hinzufügen.

2 Eventuell zuerst mit einem großen Messer, dann mit den Fingern die Zutaten miteinander mischen, dann verkneten. Wenn notwendig, noch etwas Wasser dazugeben. Der Teig soll geschmeidig, jedoch nicht weich sein. Nicht mehr kneten, wenn das Mehl das Wasser vollkommen aufgesogen hat. Eine Kugel formen, den Teig etwa 2 Std. kühl stellen.

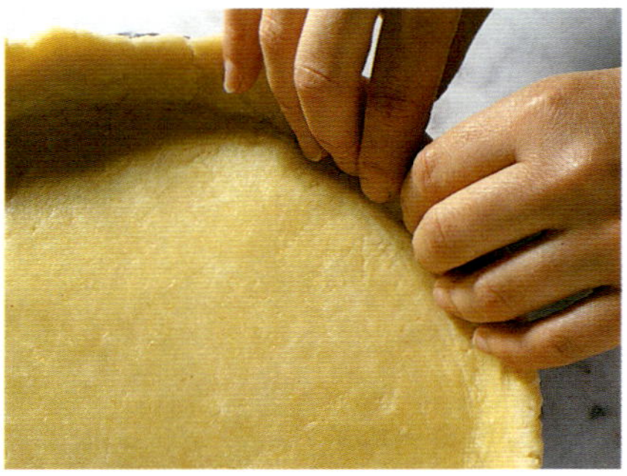

3 Arbeitsplatte mit etwas Mehl bestäuben. Den Teig auf etwa 4 mm Dicke ausrollen. Eine Tarte- oder Springform ausbuttern. Den Teig hineinlegen, an den Rändern hochziehen. Backofen auf 250° (Gas Stufe 5) vorheizen.

4 Für den Belag die ganzen Eier und die beiden Eigelb in einer Schüssel mit Crème fraîche wie für eine Omelette schlagen. Mit Muskatnuß, Salz und Pfeffer würzen. Noch einmal schlagen. Auf dem Teig verteilen.

5 Lachs in feine Streifchen schneiden. Auf der Eimasse verteilen. Butter in Flöckchen obenauf streuen.

6 Die Lachstorte in 20–25 Min. im Backofen (Mitte) backen (nach 10 Min. mit Backpapier abdecken). Etwas abkühlen lassen. Lauwarm servieren.

Variante: Quiche lorraine

(Lothringer Specktorte)

Teig wie im Rezept zubereiten. Für den Belag 300 g geräucherten Speck fein würfeln. 2–3 Knoblauchzehen dazupressen. 4–6 Eier in eine Schüssel aufschlagen, 200 g geriebenen Emmentaler oder Gruyère und 200 g Sahne dazugeben, alles salzen und pfeffern, mit dem Speck vermischen. Teig ausrollen und in der Form fest andrücken, mit einer Gabel mehrmals einstechen. Etwa 10 Min. bei 200° (Gas Stufe 3) im vorgeheizten Backofen vorbacken. Dann Eimasse einfüllen und bei 250° (Gas Stufe 5) in etwa 30 Min. fertigbacken.

SABATIER

Soufflé au fromage

Aus der Franche-Comté

Käsesoufflé

Zutaten für 4 Portionen:
1/4 l Milch
50 g Butter (+ Butter für die Form)
50 g Mehl
1 Msp. geriebene Muskatnuß
Salz
schwarzer Pfeffer aus der Mühle
4 Eigelb
100 g geriebener Comté
oder Gruyère
5 Eiweiß

Zubereitungszeit: 30 Min.
(+ 45 Min. Backen)

Pro Portion: 1500 kJ/360 kcal

1 Milch einmal aufkochen lassen.

2 In einer Kasserolle Butter zerlassen, Mehl dazurühren. Kasserolle vom Herd nehmen, Milch nach und nach unterrühren. Mit Muskatnuß, Salz und Pfeffer würzen. Die Kasserolle noch einmal aufsetzen und die Masse unter ständigem Umrühren bei schwacher Hitze etwa 2 Min. kochen lassen.

3 Kasserolle wieder vom Herd nehmen. Eigelb und Käse daruntermischen. Backofen auf 175° (Gas Stufe 2) vorheizen.

4 Eiweiß zu sehr steifem Schnee schlagen. Unter die lauwarme Käsemischung ziehen.

5 Eine Souffléform von 2 l Inhalt ausbuttern. Käsemasse hineingießen.

6 Soufflé in etwa 45 Min. im Backofen (Mitte) goldgelb backen. Unbedingt sofort servieren, sonst fällt das Soufflé zusammen.

Tips! Käsesoufflé ist gar, wenn es sein Volumen etwa verdoppelt hat. Während der ersten 20 Min. die Backofentür auf keinen Fall öffnen!

Flan bourguignon

Aus Burgund · Gelingt leicht

Lauchtorte

Zutaten für eine Tarte-
oder Springform
von 28 cm Ø (etwa 6 Stück):
Für den Teig:
250 g Mehl (+ Mehl für
die Arbeitsplatte)
125 g kalte Butter
(+ Butter für die Backform)
1 Ei · Salz

Für den Belag:
1 kg Lauch · 3 EL Butter
1 EL Mehl · 150 g Sahne
60 g geriebener Gruyère

Zubereitungszeit: 1 1/4 Std.
(+ 2 Std. Ruhen)

Bei 6 Portionen pro Portion:
2300 kJ/550 kcal

1 Mehl auf eine Arbeitsplatte sieben, Vertiefung hineindrücken. Butter, Ei und 2 EL Wasser dazugeben. Salzen. Mit den Fingern mischen, durchkneten. Wenn notwendig, noch etwas Wasser hinzufügen. Eine Kugel formen. Teig etwa 2 Std. kühl stellen.

2 Backofen auf 200° (Gas Stufe 3) vorheizen. Teig auf bemehlter Platte ausrollen, in eine gebutterte Tarteform legen, fest andrücken. Etwa 20 Min. im Backofen (Mitte) vorbacken.

3 Inzwischen Lauch putzen, waschen, das Weiße in feinste Streifchen schneiden. 2 EL Butter in einer Kasserolle zerlassen, Lauch darin glasig schmoren. Mehl anstäuben, verrühren, mit Sahne ablöschen. 2/3 der Käsemenge dazugeben, umrühren. Vom Herd nehmen.

4 Backofenhitze auf 250° (Gas Stufe 5) erhöhen.

5 Belag auf vorgebackenem Boden verteilen, restlichen Käse daraufstreuen, Rest der Butter in Flöckchen obenauf verteilen.

6 Bei 250° (Gas Stufe 5) im Backofen (Mitte) in etwa 15 Min. fertigbacken.

Getränk: Ein feiner trockener Burgunder Weißwein oder Rosé schmeckt zu diesem Gericht vorzüglich.

Omelette aux tomates

Aus dem Périgord · Geht schnell

Tomatenomelette

Zutaten für 4 Portionen:
4 sehr reife Tomaten
1 Zwiebel
½ Bund Petersilie
2 EL Öl
1 Knoblauchzehe
Salz
schwarzer Pfeffer aus der Mühle
6 ganz frische Eier
1 EL Gänseschmalz

Zubereitungszeit: 25 Min.

Pro Portion:
1400 kJ/330 kcal

1 Tomaten kurz in kochendheißes Wasser tauchen, häuten und vierteln. Zwiebel schälen und sehr fein schneiden. Petersilie waschen, trockentupfen und fein hacken.

2 In einer Kasserolle Öl erhitzen. Tomaten, Zwiebel und Petersilie hineingeben. Knoblauchzehe schälen und dazupressen. Salzen, pfeffern. Alles etwa 20 Min. bei schwacher Hitze schmoren lassen. Vom Herd nehmen.

3 Inzwischen Eier in eine Schüssel aufschlagen. 1 EL kaltes Wasser dazugeben. Salzen, pfeffern. So lange schlagen, bis eine homogene Masse entstanden ist.

4 Gänseschmalz in einer Pfanne erhitzen. Eier dazugeben. Wenn sie zu stocken beginnen, mit einem Pfannenwender zur Mitte hin schieben. Die Pfanne immer wieder schütteln, damit die Omelette nicht anlegt. Tomatenmus darüber gießen. Nach Belieben mit etwas Petersilie bestreuen.

5 Omelette auf eine vorgewärmte Platte gleiten lassen, dabei einmal zusammenfalten.

Omelette

Genau weiß man es nicht, woher der Name dieser wandelbaren Vorspeise stammt. Wahrscheinlich von den Römern, die Eier mit Honig, auf einer Schieferplatte gebraten, Ova mellita nannten.
Doch gibt es dazu eine Geschichte, die, wenn nicht wahr, so doch gut erfunden ist: Ein spanischer König ritt mit seinem Gefolge über Land. Als ihn der Hunger überkam, war weit und breit kein Gasthaus zu sehen. So kehrte er bei einem Bauern ein und bat ihn um etwas zu essen. Der Bauer machte Öl in einer Pfanne heiß und gab eine Eimasse hinein.

Eier enthalten bedeutende Mengen an Vitaminen und Mineralstoffen.

»Quel homme leste!« (Wie geschickt der Mann ist!) rief der hungrige König voller Glück – und das Wort Omelette war geboren.
Diese Geschichte wird in Frankreich erzählt – sie hat jedoch einen Haken: Warum spricht der spanische König mit seinen Untertanen Französisch, ganz abgesehen davon, daß in Spanien eine Omelette Tortilla heißt...

Gratin dauphinois

Kartoffelgratin

Aus der Dauphiné · Gelingt leicht

Zutaten für 4 Portionen:
1 Knoblauchzehe
50 g Butter
12 mittelgroße, festkochende Kartoffeln
Salz
schwarzer Pfeffer, frisch gemahlen
1 Msp. geriebene Muskatnuß
2 Eier
etwa ½ l Milch
2 EL Crème double

Zubereitungszeit: 20 Min. (+ 1 Std. Garen)

Pro Portion: 1800 kJ/430 kcal

1 Knoblauch schälen und quer halbieren. Eine flache Auflaufform damit ausreiben. Form dünn ausbuttern.

2 Kartoffeln schälen und sauber abreiben, nicht waschen. In sehr feine Scheiben schneiden oder hobeln. Dachziegelartig in die Form schichten. Dabei jede Schicht leicht salzen, pfeffern und mit Muskat bestreuen.

3 Backofen auf 175° (Gas Stufe 2) vorheizen.

4 Eier in eine Schüssel aufschlagen, mit Milch und Crème double mischen, alles mit einer Gabel leicht aufschlagen. Mischung über den Kartoffeln verteilen. Restliche Butter in Flöckchen obenauf setzen.

5 Gratin im Backofen (Mitte) in etwa 1 Std. garen. Wenn das Gratin zu dunkel wird, mit Alufolie abdecken.

Variante: Als leichtes Hauptgericht, mit Salat serviert, eignet sich das Gratin, wenn Sie es 10 Min. vor dem Ende der Garzeit mit reichlich geriebenem Käse, z.B. Gruyère, bestreuen.

Info: Gratin dauphinois wird in Frankreich nicht nur als warmes Vor- und Zwischengericht serviert, sondern auch als Beilage zu vielerlei Fleischgerichten, vor allem zu gebratenem oder gegrilltem Fleisch.

Œufs en cocotte

Eier im Förmchen

Aus dem Loiretal · Gelingt leicht

Zutaten für 6 Portionen:
1 dicke Scheibe roher Schinken (50 g)
50 g Champignons
2 Schalotten
80 g Butter · Salz
schwarzer Pfeffer aus der Mühle
½ TL scharfer Dijon-Senf
50 ml trockener Burgunder Weißwein
3–4 Stengel Estragon
3–4 Stengel Kerbel
50 g Crème fraîche
6 ganz frische Eier

Zubereitungszeit: 30 Min.

Pro Portion: 1400 kJ/300 kcal

1 Schinken fein würfeln. Champignons putzen, blättrig schneiden. Schalotten schälen und sehr fein hacken.

2 In einer Kasserolle 50 g Butter zerlassen, Schinken und Pilze hineingeben, 2–3 Min. anschmoren. Schalotten dazugeben, weitere 4–5 Min. bei schwacher Hitze schmoren lassen. Umrühren. Salzen, pfeffern, Senf und Weißwein hinzufügen.

3 Die Sauce einkochen lassen, bis die Flüssigkeit fast verdampft ist. Estragon und Kerbel waschen, trockentupfen, fein hacken, dazugeben. Zum Schluß Crème fraîche angießen, nochmals einkochen lassen.

4 6 feuerfeste Förmchen ausbuttern, mit der eingekochten Sauce zu ⅓ füllen. Eier aufschlagen, je 1 Ei obenauf setzen. Förmchen in einen weiten, flachen Topf stellen. Wasser in den großen Topf füllen, so daß die Förmchen zur Hälfte im Wasserbad stehen. Zudecken. Das Gericht bei mittlerer Hitze in 8–10 Min. garen.

5 Das Vorgericht kann serviert werden, wenn das Eiweiß gestockt, das Eigelb jedoch noch weich ist. Vor dem Servieren nach Geschmack noch ein Butterflöckchen obenauf setzen und mit Kerbelblättchen bestreuen.

Escargots aux fines herbes

Aus dem Languedoc

Weinbergschnecken in Kräutersauce

Zutaten für 4 Portionen:
2 Zwiebeln
1 Knoblauchzehe
200 g roher Schinken
100 g Spinat
½ Kopfsalatherz
½ Endiviensalat · 1 Bund Petersilie
75 g Kerbel
80 ml Olivenöl
2 EL Mehl
400 ml Fleischbrühe oder -fond
4 Dtzd. Schnecken
(Dose, naturell eingelegt)
4 EL Weinessig
10 Pfefferkörner
Bouquet garni
(Petersilie, Thymian, Lorbeerblatt)
4 Walnußkerne
Salz
schwarzer Pfeffer aus der Mühle
2 Eigelb

Zubereitungszeit: 20 Min.
(+ 1 ¼ Std. Garen)

Pro Portion: 2400 kJ/570 kcal

1 Zwiebeln und Knoblauchzehe schälen und fein hacken. Schinken in kleine Würfel schneiden. Spinat, Salat und Kräuter waschen, trockentupfen und sehr fein schneiden.

2 Olivenöl in eine Kasserolle gießen, Zwiebeln und Knoblauch darin glasig anbraten, Schinken hinzufügen, umrühren. Grünzeug und Kräuter dazugeben. Mehl darüber stäuben, Fleischbrühe angießen. Nochmals gut umrühren. Den Kräutersud bei sehr schwacher Hitze zugedeckt etwa 1 Std. köcheln lassen.

3 Inzwischen Schnecken aus der Dose nehmen, gründlich kalt abbrausen, abtropfen lassen. Einen Topf mit Wasser füllen, Weinessig, Pfefferkörner und Bouquet garni hineingeben. Schnecken etwa 15 Min. ziehen, jedoch nicht kochen lassen. In einem Sieb abtropfen und abkühlen lassen.

4 Wenn der Kräutersud dick eingekocht ist, Schnecken in den Topf geben, 10–15 Min. ziehen lassen. Walnußkerne fein hacken und dazugeben. Abschmecken, evtl. salzen und pfeffern. Zum Schluß mit Eigelb binden. Nicht mehr kochen. Mit Brot servieren.

Getränk: Dazu paßt ein leichter Rotwein aus dem Languedoc.

Info: Weinbergschnecken heißen im Languedoc »cagaraoulas«. Am berühmtesten sind wohl die Schnecken aus Burgund. Schon die Römer hatten dort diese Delikatesse entdeckt und Schneckengärten angelegt, in denen die Tiere gemästet wurden. Auch heute kommen die besten Weinbergschnecken aus Burgund. Frische Schnecken gibt es bei uns kaum auf dem Markt, zudem ist ihre Zubereitung langwierig und etwas unangenehm. Man kann sie aber vorbereitet in Dosen und mit Kräuterbutter gefüllt auch tiefgefroren kaufen.

Croûtes aux morilles

Aus der Franche-Comté · Für Gäste

Morcheln in Sahnesauce

Zutaten für 6–8 Portionen:
500 g frische oder
50 g getrocknete Morcheln
¼ l Milch · 100 g Butter
100 ml Fleischbrühe oder -fond
Salz
12–16 Scheiben Weißbrot

Für die Béchamelsauce:
1 EL Butter · 2 EL Mehl
100 g Sahne · Salz
schwarzer Pfeffer aus der Mühle
1 Msp. geriebene Muskatnuß

Zubereitungszeit: 45 Min.
(+ 2–3 Std. Einweichen)

Bei 8 Portionen pro Portion:
1300 kJ/310 kcal

1 Getrocknete Morcheln in mit Wasser verdünnter Milch 2–3 Std. einweichen. Danach kalt abbrausen, abtropfen lassen. Frische Morcheln gründlich kalt abbrausen, da sie oft noch Sand enthalten. Milch durch eine Filtertüte gießen, 100 ml abmessen.

2 70 g Butter in einer Kasserolle zerlassen, die Morcheln bei schwacher Hitze darin anschmoren, Fleischbrühe angießen, salzen. Pilze 15–20 Min. köcheln lassen.

3 Inzwischen Butter für die Béchamelsauce in einem kleinen Topf zerlassen, Mehl anstäuben. Keine Farbe annehmen lassen. Sahne und 100 ml Milch (bei getrockneten Morcheln abgemessene Einweichflüssigkeit) angießen. Salzen, pfeffern, mit Muskatnuß abschmecken. Sauce etwa 10 Min. unter ständigem Rühren bei schwacher Hitze köcheln lassen.

4 Pilze mit der Fleischbrühe an die Sauce geben. Nochmals abschmecken.

5 Weißbrotscheiben in der restlichen Butter goldgelb braten. Morchelsahne mit den Weißbrotscheiben servieren.

Getränk: Ein Gelbwein (Vin jaune) aus dem Jura paßt besonders gut dazu.

Variante: Fertige Blätterteigpastetchen im Backofen erwärmen. Mit der Morchelsahne füllen.

Morcheln

Morcheln wachsen in Frankreich besonders im Jura.

Auf Sandböden an Waldrändern und in Lichtungen gedeiht im Frühjahr dieser köstliche Delikateßpilz mit dem wabenartig gekammerten, fast schwarzen Hut. Im französischen wie im Schweizer Jura, aber auch in anderen waldreichen Regionen Frankreichs wird er wegen seines feinen Duftes und seiner vielseitigen Verwendbarkeit vor allem als Würzpilz geschätzt. Unter den zahlreichen Arten gilt die Spitzmorchel als besonders wohlschmeckend. Morcheln kommen bei uns nur selten frisch auf den Markt, doch auch getrocknet oder in Dosen eingelegt geben sie Saucen oder Farcen für Geflügel durch ihr feines Aroma das gewisse Etwas. Von Morcheln wird nur der Hut verwendet. Frische Morcheln müssen sehr gründlich mehrmals gewaschen werden, da sich der Sand in den Vertiefungen des Hutes verbirgt und schwer herauszulösen ist. Getrocknete Morcheln behalten ihr Aroma am besten, wenn man sie in mit Wasser verdünnter Milch einweicht. Die bekanntesten Morchelzubereitungen stammen aus der Franche-Comté.

Ratatouille

Aus der Provence · Sommergericht

Bunter Gemüsetopf

Zutaten für 6 Portionen:
3 mittelgroße Auberginen
3 große reife Tomaten
3 Zucchini
3 Paprikaschoten
2 Zwiebeln
100 ml Olivenöl
Salz
schwarzer Pfeffer aus der Mühle
2 Knoblauchzehen
Bouquet garni (Lorbeerblatt, Thymian, Petersilie)

Zubereitungszeit: 30 Min. (+ 1 Std. Garen)

Pro Portion: 1100 kJ/260 kcal

1 Auberginen schälen und in etwa 2 cm große Würfel schneiden. Tomaten kochendheiß überbrühen und häuten, Kerne herausdrücken. Ebenfalls grob würfeln. Zucchini waschen, in dicke Scheiben schneiden. Paprikaschoten waschen, Rippen und Kerne entfernen, Fruchtfleisch in etwa 1 cm breite Streifen schneiden. Zwiebeln schälen und in feine Ringe schneiden.

2 Gemüse in einen schweren Schmortopf geben. Olivenöl angießen. Salzen, pfeffern. Knoblauchzehen schälen und dazupressen. Bouquet garni einlegen. 1–2 Tassen kaltes Wasser dazugießen.

3 Den Topf zudecken. Das Gericht zum Kochen bringen. Hitze reduzieren. Ratatouille auf niedrigster Stufe in etwa 1 Std. langsam garen. Das Bouquet garni entfernen.

4 Mit Brot lauwarm als Vorspeise oder als Beilage servieren.

Getränk: Zur Ratatouille schmeckt ein provenzalischer Rosé besonders gut.

Varianten: 3–4 geschälte und geviertelte neue Kartoffeln mitkochen lassen. 1 Fenchelknolle, in Streifen geschnitten, paßt ebenfalls gut in eine Ratatouille.

Tip! Bereiten Sie die doppelte Menge zu und servieren Sie den Rest als kalte Zwischenmahlzeit.

Gratin de courge

Aus der Provence · Gelingt leicht

Kürbisauflauf

Zutaten für 4 Portionen:
1 Kürbis (1,5 kg)
120 g Butter (+ Butter für die Form)
½ l Milch
2 EL Mehl
1 Msp. geriebene Muskatnuß
Salz
schwarzer Pfeffer aus der Mühle
4 Eier
2 EL Semmelbrösel

Zubereitungszeit: 1 Std. (+ 30 Min. Backen)

Pro Portion: 2400 kJ/570 kcal

1 Kürbis schälen, entkernen, in Würfel schneiden. Mit 70 g Butter in eine Kasserolle geben und unter ständigem Umrühren bei mittlerer Hitze schmoren lassen, bis die Würfel weich sind und die Flüssigkeit verdampft ist.

2 Kürbis durch ein Sieb in eine Schüssel passieren oder mit dem Pürierstab pürieren. Backofen auf 175° (Gas Stufe 2) vorheizen.

3 Milch zum Kochen aufsetzen. In einer Kasserolle 30 g Butter zerlassen, Mehl anstäuben, unter Umrühren erhitzen, nicht bräunen lassen. Mit kochender Milch ablöschen, weiterrühren. Mit Muskatnuß, Salz und Pfeffer würzen. Vom Herd nehmen.

4 Eier und Kürbismus mischen. Béchamelsauce dazugeben. Nochmals abschmecken, evtl. nachwürzen.

5 Eine Auflaufform mit Butter ausstreichen. Das Mus hineingeben. Semmelbrösel obenauf streuen. Restliche Butter zerlassen und darüber gießen.

6 Im Backofen (Mitte) in etwa 30 Min. überbacken.

FISCH UND MEERESFRÜCHTE

Wen wundert es, daß der Nationalsport der Franzosen – das Angeln – etwas mit kulinarischen Genüssen zu tun hat? Der einstige Reichtum der Flüsse und Seen an schmackhaften Fischen und Krebsen ist leider geschrumpft, denn die Verschmutzung der Gewässer hat auch hier ihren Tribut gefordert. Heute kommen frische Flußfische mehr und mehr aus Züchtereien. Die Küsten an Nordsee, Atlantik und Mittelmeer sind nirgendwo weit entfernt, so daß Meeresfrüchte und Seefische überall frisch zu bekommen sind. Ein gut organisierter Handel sorgt dafür, daß die Delikatessen aus dem Meer innerhalb von spätestens 24 Stunden dem kritischen französischen Verbraucher zum Verkauf angeboten werden können.

Fisch und Meeresfrüchte stehen im großen französischen Menü nach den warmen Vorgerichten und vor dem ersten Fleischgang, können aber auch, je nach Zubereitungsart, an Stelle der Suppe, der kalten oder warmen Vorspeise und des Hauptgerichts serviert werden.

Zu fettarmem, einfach zubereitetem Fisch passen leichte, trockene Weißweine, in der Normandie und der Bretagne trinkt man auch trockenen Cidre.

Zu Fischen mit kräftigem Geschmack oder Schaltieren passen sehr trockene bis volle, körperreiche Weißweine. Die Franzosen trinken auch Rotwein zu Fisch, wenn das Gericht damit zubereitet wurde.

Coquilles Saint-Jacques

Aus dem Bordelais · Raffiniert

Jakobsmuscheln in Sahnesauce

Zutaten für 4 Portionen:
Fleisch und Rogen (Corail)
von 12 Jakobsmuscheln
1 Schalotte · 1 Bund Petersilie
3 EL Öl · 30 g Butter
8 EL trockener Weißwein
Saft von ½ Zitrone
5 EL Crème fraîche · Salz
schwarzer Pfeffer aus der Mühle

Zubereitungszeit: 20 Min.

Pro Portion: 960 kJ/230 kcal

1 Muschelfleisch und Rogen kalt abbrausen, abtupfen. Das weiße Fleisch grob würfeln, den Rogen ganz lassen.

2 Schalotte schälen und kleinschneiden. Petersilie waschen, trockentupfen und fein hacken.

3 In einem flachen Topf Öl und Butter erhitzen, Schalotte und Petersilie hineingeben. Kurz anschmoren, Muschelfleisch und Rogen hinzufügen und unter Umrühren in etwa 1–2 Min. garen. Auf einer vorgewärmten Platte oder in Muschelformen anrichten und warm stellen.

4 Wein in den Topf gießen, Zitronensaft dazugeben. Crème fraîche angießen. Salzen, pfeffern. Kurz aufkochen lassen und über das Muschelfleisch gießen. Sofort mit Brot servieren.

Getränk: Zu diesem Gericht paßt ein Muscadet oder Gaillac (weiß).

Tip! Jakobsmuscheln kommen bei uns meist tiefgefroren auf den Markt. Wenn Sie frische Muscheln (z.B. im Urlaub) kaufen, lassen Sie vom Fischhändler Bärte und Innereien entfernen.

Civet de langouste

Aus dem Languedoc · Festlich

Languste in Rotwein

Zutaten für 3 Portionen:
1 tiefgefrorener Langustenschwanz (etwa 650 g)
6 Zwiebeln
2 Schalotten
1 Knoblauchzehe
50 g Butter
50 ml Cognac
400 ml Languedoc-Rotwein
Bouquet garni (Lorbeerblatt, Petersilie, Thymian)
Salz
schwarzer Pfeffer aus der Mühle
1 EL Mehl

Zubereitungszeit: 45 Min.

Pro Portion: 2000 kJ/480 kcal

1 Den Schwanz der Languste mit der Schale zwischen den Gliedern in Scheiben schneiden.

2 Zwiebeln, Schalotten und Knoblauch schälen, fein hacken, getrennt beiseite stellen.

3 30 g Butter in einem Topf zerlassen, Zwiebeln darin glasig schmoren. Langustenstücke dazugeben, umrühren. Cognac in einer Schöpfkelle über einer Kerzenflamme leicht anwärmen, darüber gießen, flambieren (anzünden und kurz abbrennen lassen). Mit Rotwein löschen. Vorsichtig hantieren, damit es keine Stichflamme gibt. Zwiebeln, Schalotten und Knoblauch hinzufügen, Bouquet garni einlegen. Salzen, pfeffern. Den Topf zudecken und das Gericht bei schwacher Hitze 5–8 Min. köcheln lassen.

4 Langustenstücke herausnehmen, warm stellen.

5 Bouquet entfernen. Mehl mit etwas Sud vermischen und unterrühren. Sauce etwa 5 Min. köcheln lassen. Restliche Butter in die Sauce geben. Die Sauce durch ein Sieb über die Languste gießen.

Getränk: Servieren Sie einen kräftigen Wein, z.B. einen weißen oder roten Côtes-du-Roussillon dazu.

Queues d'écrevisses gratinées

Aus der Dauphiné · Für Gäste

Gratin von Flußkrebsen

Zutaten für 4 Portionen:
1,5 kg gekochte Flußkrebse
(vom Händler brühen lassen)
40 g Butter · 2 EL Mehl
400 ml Fischfond
4 cl Noily Prat
150 g Sahne · Salz
schwarzer Pfeffer aus der Mühle
2 EL milden Hartkäse

Zubereitungszeit: 1½ Std.

Pro Portion: 1800 kJ/430 kcal

1 Krebsfleisch aus den Schwänzen drehen, Scheren mit Zange knacken. Einige Krebsschwänze zum Garnieren beiseite legen. Rücken etwas einschneiden und Darm entfernen. Backofen auf 225° (Gas Stufe 4) vorheizen.

2 In einer Kasserolle Butter zerlassen, Mehl hinzufügen, anschwitzen. Fischfond und Vermouth angießen. 10 Min. einkochen lassen. Sahne zugeben und noch 8 Min. einkochen lassen. Salzen, pfeffern. Gut umrühren.

3 Krebsfleisch und Sauce in eine feuerfeste Form geben. Geriebenen Käse darüber streuen. Im Backofen (Mitte) in etwa 15 Min. überbacken, bis der Käse goldgelb ist. Mit den beiseitegelegten Krebsschwänzen garnieren.

Tip! Ganz originalgetreu ist das Rezept, wenn Sie die Krebse lebend kaufen und in einem Gemüsesud 8–10 Min. garen. Achten Sie darauf, daß die Flüssigkeit die Tiere bedeckt und nicht nur siedet, sondern sprudelnd kocht.

Flußkrebse

Flußkrebse gab es früher in französischen Flüssen und Seen in großen Mengen – wie bei uns auch. Nach der großen Krebspest im Jahre 1876 starben die Tiere nahezu aus, die Gewässerverschmutzung unseres Jahrhunderts besorgte den Rest. Auch in Frankreich bekommt man heute meist Importware aus der Türkei, Polen oder Skandinavien. Nur in einigen Gegenden, so im Bordelais, im Burgund und im Limousin, findet man noch Bestände. Die bis zu 15 cm langen und 150 g schweren Krustentiere werden von Mai bis August gefangen.
Nach dem Garen entfernt man den Darm, indem man vorsichtig die Schwanzflosse vom Körper wegdreht und den Darm mit herauszieht.

Flußkrebse verändern beim Kochen ihre Farbe.

Verwendet wird nur das Schwanzfleisch, allenfalls das Fleisch aus den Scheren. Der Panzer ergibt – gut gesäubert – eine Grundlage für Krebsfond oder eine Krebssuppe.
Für Krebse gibt es eine ganze Menge von Zubereitungsarten: gekocht, gedünstet oder gebacken, als Auflauf, Pastete, Suppe oder Salat. Die bekanntesten Gerichte stammen aus der Franche-Comté und dem Limousin.
Krebse können Sie lebend, tiefgefroren oder in Dosen eingelegt kaufen.

Bouillabaisse

Aus der Provence · Braucht etwas Zeit

Fischeintopf à la Mittelmeer

Zutaten für 4 Portionen:
1 kg tiefgefrorene oder frische Mittelmeerfische
1 Zwiebel
2 Fleischtomaten
4 Knoblauchzehen
½ Bund Petersilie
4 EL Olivenöl
4 Lorbeerblätter
4 Päckchen Safran (à 0,1 g)
Salz
schwarzer Pfeffer aus der Mühle
8 dünne Scheiben Baguette

Für die Rouille (scharfe Pfeffersauce):
1 Scheibe trockenes Toastbrot
1 Knoblauchzehe
1 getrocknete rote Pfefferschote
200 ml Olivenöl

Zubereitungszeit: 1¼ Std. (+ 2 Std. Auftauen)

Pro Portion (mit Rouille): 4000 kJ/950 kcal

1 Fische, wenn notwendig, auftauen lassen. Kalt abbrausen, wenn notwendig schuppen und ausnehmen. Köpfe und Schwänze entfernen, größere Fische in Portionsstücke teilen.

2 Zwiebel schälen und kleinschneiden. Tomaten kochendheiß überbrühen, häuten, quer halbieren, Kerne herausdrücken, Fruchtfleisch kleinschneiden. Knoblauch schälen, Petersilie waschen und abtropfen lassen.

3 In einem großen Schmortopf Zwiebel im Öl anschmoren lassen, Tomaten dazugeben. Knoblauchzehen dazupressen. Petersilie, Lorbeerblatt und Safran hinzufügen. Salzen, pfeffern. Die Mischung bei schwacher Hitze etwa 10 Min. köcheln lassen.

4 Inzwischen 1 l Wasser zum Kochen bringen. Festfleischige Fische auf das Gemüse im Schmortopf legen. 2–3 Min. mit erhitzen, jetzt die zartfleischigen Fische dazugeben und kochendes Wasser dazugießen. Die Suppe bei starker Hitze 5–10 Min. kochen lassen.

5 Inzwischen die Rouille zubereiten: Brotscheibe in lauwarmem Wasser einweichen. Knoblauch schälen und in einem Mörser zerdrücken. Pfefferschote (mit Kernen) dazugeben und ebenfalls zerkleinern. Vorsicht, ist sehr scharf, nicht in die Nähe der Augen bringen. Brot ausdrücken, in den Mörser geben und mit den Gewürzen verarbeiten. Öl in dünnem Strahl dazufließen lassen. Alles vermengen.

6 Baguettescheiben in einer Pfanne oder im Toaster rösten. In eine vorgewärmte Suppenterrine legen.

7 Fische mit dem Schaumlöffel aus dem Sud heben und auf einer Platte anrichten. Suppe über die Brotscheiben in der Terrine gießen.

8 Jeder erhält einen tiefen und einen flachen Teller. Fische auf den flachen Teller legen, von Gräten und Haut befreien, in den tiefen Teller geben. Die Suppe mit den Brotscheiben darüber gießen. Die Rouille und reichlich Baguette dazu reichen.

Getränk: Dazu schmeckt ein trockener Weißwein oder ein frischer Rosé aus der Provence.

Sole bretonne

Aus der Bretagne · Gelingt leicht

Seezunge in Weißwein

Zutaten für 4 Portionen:
1 Stange Lauch
1 Staude Bleichsellerie
1 Zwiebel
1 Schalotte
3 EL Butter
8 Seezungenfilets
Mehl zum Bestäuben
Salz
schwarzer Pfeffer aus der Mühle
100 ml trockener Weißwein von der Loire
100 g Sahne
1 kleines Bund Petersilie

Zubereitungszeit: 1 Std.

Pro Portion: 1400 kJ/330 kcal

1 Lauch und Sellerie putzen. Vom Lauch nur das Weiße, vom Sellerie nur das Herz verwenden. Waschen. Zwiebel und Schalotte schälen. Alles kleinschneiden.

2 Butter in einem Schmortopf zerlassen, Gemüse dazugeben. Bei schwacher Hitze etwa 10 Min. köcheln, nicht bräunen lassen. Das halbgare Gemüse in eine feuerfeste Form geben. Backofen auf 200° (Gas Stufe 3) vorheizen.

3 Seezungenfilets waschen, abtupfen, in Mehl wälzen, überschüssiges Mehl abklopfen. Filets einmal quer zusammenfalten, auf das Gemüse in die Form legen. Salzen, pfeffern. Wein angießen. Form zudecken.

4 Gericht in der Form im vorgeheizten Backofen (Mitte) etwa 5 Min. garen.

5 Sahne angießen. Form leicht schütteln, damit sich die Sahne verteilt. Form wieder in den Backofen schieben, nicht mehr zudecken, und das Gericht in weiteren 5–10 Min. fertiggaren.

6 Petersilie waschen, trockentupfen, hacken, auf das Gericht streuen. Mit Brot servieren.

Getränk: Ein Muscadet paßt gut dazu.

Lotte farcie

Aus der Bretagne · Raffiniert

Gefüllter Seeteufel

Zutaten für 4 Portionen:
1 kg Seeteufel (ganzer Fisch)
Salz
schwarzer Pfeffer aus der Mühle
50 g trockenes Weißbrot
¼ l Milch
1 Bund gemischte Kräuter (Kerbel, Petersilie, Fenchelkraut)
1 Msp. geriebene Muskatnuß
30 g Butter (+ Butter für die Form)
1½ kg Miesmuscheln
100 ml Muscadet (Loire-Weißwein)

Zubereitungszeit: 1½ Std.

Pro Portion: 1600 kJ/380 kcal

1 Fisch, wenn notwendig, häuten, ausnehmen und kalt abbrausen, trockentupfen. Mit einem scharfen Messer die mittlere Gräte auf beiden Seiten lösen, so daß Taschen entstehen. Leicht salzen und pfeffern.

2 Brot in Milch einweichen, ausdrükken, mit den Fingern zerkrümeln. Kräuter waschen, trockentupfen, hacken und mit dem Brot verkneten. Mit Muskatnuß, Salz und Pfeffer kräftig würzen. Füllung in die eingeschnittenen Taschen des Fischs schieben.

3 Eine feuerfeste, flache Form ausbuttern. Fisch hineinlegen. Backofen auf 200° (Gas Stufe 3) vorheizen.

4 Muscheln unter kaltem fließendem Wasser abbürsten, Bärte entfernen. Einen großen Topf mit Wasser (etwa 125 ml) aufsetzen. Muscheln (bereits geöffnete Exemplare aussortieren) in kochendes Wasser geben, zudecken und garen, bis sie sich geöffnet haben. Die ungeöffneten wegwerfen. Muschelfleisch herauslösen, beiseite stellen.

5 Muschelsud durchseihen, mit Weißwein über den Fisch gießen. Butter in Flöckchen obenauf setzen. Fisch im Backofen (Mittte) in 30–35 Min. garen. Ab und zu begießen.

6 Etwa 3 Min. vor Ende der Garzeit Muscheln um den Fisch anordnen und mit erhitzen. Gericht in der Form servieren.

Sardines farcies aux épinards

Aus der Provence · Braucht etwas Zeit

Gefüllte Sardinen mit Spinat

Zutaten für 4 Portionen:
500 g große Sardinen
Salz
300 g Spinat
1 Zwiebel
100 ml Milch
5 EL Olivenöl
1 EL Mehl
1 Msp. geriebene Muskatnuß
schwarzer Pfeffer aus der Mühle
2 Knoblauchzehen
2 TL Semmelbrösel

Zubereitungszeit: 1½ Std.

Pro Portion: 1300 kJ/310 kcal

1 Sardinen, wenn notwendig, ausnehmen, schuppen, kalt abbrausen. Köpfe abschneiden, Schwänze daranlassen. Fische an der Bauchseite öffnen, Mittelgräte vorsichtig entfernen. Die aufgeklappten Fische mit der Innenseite nach oben auf ein Tuch legen.

2 Einen Topf mit Salzwasser aufsetzen. Spinat verlesen, putzen und waschen. Etwa 5 Min. in Salzwasser blanchieren (sprudelnd kochen lassen). Abtropfen lassen, ausdrücken, fein hacken. Zwiebel schälen und fein hacken. Milch erhitzen.

3 Zwiebelwürfel in einem Schmortopf mit 2 EL Öl glasig schmoren. Spinat dazugeben und bei schwacher Hitze unter Umrühren einige Min. mitschmoren lassen. Mehl darüber stäuben, umrühren. Mit heißer Milch ablöschen. Mit Muskatnuß, Salz und Pfeffer würzen. Die Masse soll dickflüssig sein, evtl. noch etwas Mehl dazugeben. 15–20 Min. köcheln lassen. Knoblauchzehen schälen und dazupressen. Umrühren, Topf vom Herd nehmen. Backofen auf 250° (Gas Stufe 5) vorheizen.

4 Je 1 TL Spinatmasse in die Sardinen füllen.

5 Boden einer feuerfesten flachen Form einölen. Restlichen Spinat hineinschichten. Sardinen von der Kopf- zur Schwanzseite hin aufrollen, auf das Spinatbett setzen. Alles dünn mit Semmelbröseln bestreuen. Restliches Öl darauf träufeln.

6 Im Backofen (Mitte) in etwa 15 Min. garen. In der Form servieren, Brot dazu reichen.

Getränk: Zu diesem Gericht paßt ein leichter provenzalischer Rosé oder Tavel.

Info: Die angegebene Menge reicht für ein Zwischengericht, für den Hauptgang die Mengen verdoppeln.

PRAT

Truites Mont-Dore

Aus der Auvergne · Gelingt leicht

Forellen in Vermouth

Zutaten für 4 Portionen:
4 Forellen
Butter für die Form
200 ml weißer französischer Vermouth
Salz
schwarzer Pfeffer aus der Mühle
2 Eigelb
100 g Sahne
80 g geriebener, möglichst milder Gruyère

Zubereitungszeit: 55 Min.

Pro Portion: 1800 kJ/430 kcal

1 Backofen auf 175° (Gas Stufe 2) vorheizen.

2 Forellen, wenn notwendig, ausnehmen, vorsichtig kalt abbrausen, trockentupfen. Eine flache feuerfeste Form dick ausbuttern, Forellen hineinlegen, Vermouth angießen. Salzen, pfeffern.

3 Form in den Backofen (Mitte) stellen. Forellen in 15–20 Min., je nach Größe, garen. Form aus dem Backofen nehmen, die Temperatur auf 250° (Gas Stufe 5) erhöhen.

4 Eigelb mit Sahne in einer Schüssel verquirlen, Fischsud dazugießen, unterrühren. Sauce auf den Fischen in der Form verteilen. Gruyère darüber streuen.

5 Form noch einmal in den Backofen (Mitte) stellen und das Gericht in 3–4 Min. überbacken. Sofort servieren.

Getränk: Zu diesem Gericht schmeckt ein kräftiger Weißwein, z.B. ein Chablis oder Vouvray, vorzüglich.

Forellen

Der feine Fisch aus der Familie der Lachse wird in Frankreich gern als Zwischengericht serviert.
Forellen sind in Frankreich, wie im übrigen Europa, nur noch als Zuchtfische erhältlich.Vor allem in den Westalpen und im Zentralmassiv gehören Forellengerichte zu den regionalen Spezialitäten.
Die wichtigsten Arten: Die Bachforelle mit zahlreichen bunten Flecken wird von Feinschmeckern am höchsten geschätzt. Sie schmeckt am besten in den Monaten Mai bis Juli.
Die Regenbogenforelle mit einem seitlichen roten Streifen und zahlreichen schwarzen Punkten stammt ursprünglich aus Kalifornien. Sie wird in großen Mengen gezüchtet. Ihr Fleisch eignet sich für viele Zubereitungsarten mit Wein, auch Rotwein, oder mit Sahne. Die Meer- oder Seeforelle schließlich steigt zum Laichen vom Meer in die Bäche auf. Ihr zartes wohlschmeckendes Fleisch ist lachsfarben bis orange. Forellen kommen frisch oder tiefgekühlt in den Handel.
Achten Sie beim Einkauf von frischen Forellen auf klare, glänzende Augen.

Forellen kann man meist nur noch als Zuchtfische kaufen.

Brochet à la crème

Aus der Auvergne · Festlich

Hecht in Sahnesauce

Zutaten für 6 Portionen:
6 Schalotten
1 Bund Petersilie
150 g Champignons
50 g Butter
1 küchenfertiger Hecht (etwa 1,5 kg)
Salz
schwarzer Pfeffer aus der Mühle
3/4 l trockener Weißwein
250 g Crème fraîche
1 EL Mehl

Zubereitungszeit: 1 1/2 Std.

Pro Portion: 2200 kJ/520 kcal

1 Schalotten schälen und fein hacken. Petersilie waschen, trockentupfen und ebenfalls fein hacken. Champignons putzen, die Stiele unten abschneiden, kurz mit kaltem Wasser abbrausen, blättrig schneiden. Alles in einer Schüssel vermengen.

2 Die Fettpfanne des Backofens dick ausbuttern. Kräuter-Pilz-Mischung darauf verteilen. Backofen auf 200° (Gas Stufe 3) vorheizen.

3 Hecht kalt waschen, vorsichtig abtupfen. Auf die Fettpfanne legen. Salzen, pfeffern. Etwa 3/4 des Weines angießen. Der Fisch soll nur halb bedeckt sein. Butterflöckchen obenauf streuen.

4 Ein Stück Butterbrotpapier in der Größe des Fischs zuschneiden. Restliche Butter zerlassen, das Butterbrotpapier auf einer Seite damit bepinseln. Papier mit der Butterseite nach unten auf den Fisch legen, Fettpfanne in den Backofen (Mitte) schieben. Fisch in 30–35 Min. garen.

5 Den Fisch aus dem Ofen nehmen, auf einer Platte anrichten. Haut vorsichtig entfernen. Kochsud in eine Kasserolle gießen. Mit einer Schaumkelle die Champignons herausheben und um den Fisch anrichten. Platte im ausgeschalteten Backofen warm stellen.

6 Fischsud zum Kochen bringen, Crème fraîche dazugeben, mit dem Schneebesen schlagen. Mehl in etwas Wasser anrühren, dazugeben. Abschmecken, eventuell noch Wein angießen, nachwürzen. Etwa 5 Min. köcheln lassen. Sauce über den Fisch gießen, servieren.

Getränk: Reichen Sie dazu einen trockenen weißen Burgunder, z.B. einen Mâcon blanc.

Info: Hecht aus den Flüssen und Seen Ost- und Mittelfrankreichs wird wegen seines wohlschmeckenden, festen weißen Fleisches auf vielerlei Arten in der französischen Küche verwendet. Der Raubfisch kann bis zu 2 m lang und 35 kg schwer werden. Für die feine Küche eignen sich jedoch nur junge Hechte von etwa 1,5–2 kg.

ROCHOY
FRANCE

Terrine d'anguilles

Aus der Provence · Gelingt leicht

Aalterrine

Zutaten für 4 Portionen:
4 Stangen Lauch
4 Knoblauchzehen
1 Bund Petersilie
1 Lorbeerblatt · Salz
schwarzer Pfeffer aus der Mühle
12 schwarze Oliven
200 ml trockener Weißwein
1 kg frischer Aal, küchenfertig vorbereitet und gehäutet
2 EL Semmelbrösel
4 EL Olivenöl

Zubereitungszeit: 40 Min. (+ 1 Std. Garen)

Pro Portion: 3800 kJ/900 kcal

1 Lauch putzen, grüne Blätter entfernen, waschen. Das Weiße in feinste Scheibchen schneiden. Lauchscheiben in eine flache feuerfeste Form legen. Knoblauch schälen, hacken. Petersilie waschen, trockentupfen, hacken. Beides auf den Lauch streuen. Lorbeerblatt dazugeben. Salzen, pfeffern. Oliven auf das Gemüsebett legen. Wein angießen. Backofen auf 175° (Gas Stufe 2) vorheizen.

2 Aal unter kaltem fließendem Wasser waschen, trockentupfen und in portionsgroße Stücke teilen. Fisch auf das Gemüse legen. Semmelbrösel obenauf streuen. Mit Öl beträufeln.

3 Gericht zugedeckt im Backofen (Mitte) in etwa 30 Min., je nach Dicke des Fischs, garen. In der Form servieren.

Getränk: Zur Aalterrine paßt ein Rotwein der südlichen Côtes du Rhône, z.B. ein Gigondas, oder ein provenzalischer leichter Rotwein.

Info: Dieses Gericht gehört in Les Martigues, einer kleinen Hafenstadt im Rhônedelta, zum traditionellen großen Weihnachtsmenü.

Saumon aux échalotes

Aus dem Loiretal · Raffiniert

Gespickter Lachs

Zutaten für 4 Portionen:
1 kg frischer Lachs
(vom Händler häuten lassen)
125 g durchwachsener
Räucherspeck ohne Schwarte
150 g Schalotten
100 g Butter · Salz
schwarzer Pfeffer aus der Mühle
50–75 ml guter Weinessig
1 EL Mehl

Zubereitungszeit: 15 Min.
(+ 30 Min. Garen)

Pro Portion: 2900 kJ/690 kcal

1 Lachs waschen, abtupfen. Haut abziehen. Speck in etwa 4 cm lange Streifchen schneiden. Lachsfleisch spicken, d. h. Speckstreifen mit Hilfe einer Spicknadel in Abständen von 2–3 cm durch die oberste Fleischschicht ziehen oder mit einem spitzen Messer Löcher einschneiden und Speck hineinstecken. Backofen auf 225° (Gas Stufe 4) vorheizen.

2 Schalotten schälen, sehr fein hacken. Eine flache feuerfeste Form damit auslegen. Lachs auf die Schalotten betten. 80 g Butter in Scheiben auf dem Lachs verteilen. Salzen, pfeffern.

3 Fisch im Backofen (Mitte) etwa 15–20 Min. zugedeckt garen. Weinessig angießen. Hitze auf 175° (Gas Stufe 2) reduzieren. Gericht in etwa 15 Min. fertiggaren. Öfter mit der Kochflüssigkeit begießen.

4 Lachs auf einer Platte anrichten. Aus Mehl und restlicher Butter Kügelchen formen und im letzten Moment unter die Sauce rühren. Mit Weißbrot servieren.

Getränk: Dazu paßt ein kräftiger Loire-Weißwein.

FLEISCH-GERICHTE

Nach all den Vorspielen nun der erste Akt – oder setzen die Fleischgerichte nur einen Akzent innerhalb des großen französischen Menüs?
Es trifft beides zu. Ein Hauptgericht in unserem Sinne ist der Fleischgang nicht – oder nicht immer. Es kommt auf das Davor und Danach an. Manchmal folgt noch der Geflügel- oder Wildgang.
Wie ißt man in Frankreich Fleisch?
Das bekannte Schnellgericht Steak-Frites ist bestimmt nicht repräsentativ für das, was die französische Küche in dieser Beziehung zu bieten hat.
Schweinefleisch gibt es vor allem im Elsaß, in Lothringen, in der Auvergne und im Norden. Es wird weniger als bei uns frisch gegessen, sondern meist zu Wurstwaren und Schinken verarbeitet. Wurst genießt man luftgetrocknet für gewöhnlich zur Vorspeise. Schinken ist ebenfalls luftgetrocknet, selten geräuchert.
Die meisten Fleischgerichte werden aus Rind, Kalb und Lamm bereitet. Auch Innereien aller Art spielen in der französischen Küche eine nicht unbedeutende Rolle. Ein weiteres wichtiges Element sind die für ihre Region jeweils typischen bäuerlichen Fleischeintöpfe mit Gemüse, die bei schwächster Hitze lange gegart werden, damit die Aromen sich gegenseitig durchdringen.
Als Getränk paßt am besten Rotwein, wobei Sie bei Lamm, Kalb und Schwein eher leichte Sorten wählen sollten.

Potée bourguignonne

Aus Burgund · Gelingt leicht

Schweinefleischtopf

Zutaten für 8 Portionen:
500 g gepökelte Schweineschulter
1 gepökelte Schweinehaxe
500 g durchwachsener Räucherspeck ohne Schwarte
1 kleiner Kopf Weißkohl
6 Möhren
4 weiße Rübchen
4 Kohlrabi
6 Stangen Lauch
1 Zwiebel
2 Knoblauchzehen
5 Gewürznelken
Salz
weißer Pfeffer aus der Mühle
500 g vorwiegend festkochende Kartoffeln

Für die Senfsauce:
50 g Butter
50 g Mehl
1 l Fleischbrühe oder -fond
5 EL Dijon-Senf
1 EL Weinessig
3 EL Crème fraîche
Salz
schwarzer Pfeffer aus der Mühle
4 Eigelb

Zubereitungszeit: 2 ¼ Std. (+ 12 Std. Wässern)

Pro Portion (mit Sauce): 3700 kJ/880 kcal

1 Am Vortag das Pökelfleisch in reichlich frischem Wasser entsalzen (etwa 12 Std.). Wasser öfters wechseln.

2 In einem dickwandigen Schmortopf, besser noch in einem feuerfesten Keramiktopf, Fleisch und Speck mit Wasser bedeckt zum Kochen bringen, zudecken. Bei schwacher Hitze etwa 2 Std. garen, öfters abschäumen.

3 Inzwischen das Gemüse putzen und waschen. Kohl und Möhren vierteln und zum Fleisch in den Topf legen.

4 Dann weiße Rübchen, Kohlrabi und das Weiße vom Lauch, je nach Größe, halbieren oder vierteln und dazugeben. Zwiebel und Knoblauch schälen, Zwiebel mit Nelken spicken, beides im Ganzen dazugeben. Evtl. salzen, pfeffern.

5 Kartoffeln, je nach Größe, vierteln oder halbieren und in den Eintopf geben. Gericht in etwa 20–30 Min. fertiggaren.

6 Inzwischen die Sauce zubereiten. Butter in einer Kasserolle zerlassen, Mehl dazugeben, mit einem Holzlöffel verrühren. 1–2 Min. köcheln lassen. Fleischbrühe angießen, gut umrühren oder mit dem Schneebesen schlagen. Senf, Weinessig und Crème fraîche hinzufügen. Salzen, pfeffern. Kasserolle vom Herd nehmen, Sauce mit Eigelb binden (die Sauce darf nicht mehr kochen). Abschmecken.

7 Fleisch aus dem Schmortopf heben, aufschneiden, auf einer vorgewärmten Platte anrichten. Gemüse ringsherum anordnen. Sauce getrennt dazu reichen. Die Kochflüssigkeit für eine andere Gelegenheit aufbewahren.

Getränk: Ein leichter roter Burgunder, z.B. ein Mâcon, paßt gut dazu.

Varianten: Zur Potée bourguignonne passen auch rohe Knoblauchwurst oder gepökelter Halsgrat. Zusätzlich zu den oben genannten Gemüsesorten weiße Bohnenkerne hineingeben. Diese müssen allerdings am Vortag eingeweicht werden.
Wenn Sie kein Pökelfleisch bekommen, verwenden Sie rohes Kasseler.

Info: In Frankreich verwendet man – anders als bei uns – sehr häufig in Salzlake gepökeltes Schweinefleisch. Gerichte mit frischem Schweinefleisch sind vergleichsweise selten.

Choucroute garnie

Aus dem Elsaß · Braucht etwas Zeit

Garniertes Sauerkraut

Zutaten für 4 Portionen:
1 große Zwiebel
2 EL Gänseschmalz
1 kg rohes Sauerkraut
5 Wacholderbeeren
1 Lorbeerblatt · Salz
schwarzer Pfeffer aus der Mühle
125 ml trockener Elsässer Weißwein
500 g durchwachsener Räucherspeck ohne Schwarte
8 mittelgroße Kartoffeln, vorwiegend festkochend
4 rohe Kasseler Koteletts
8 Wiener Würstchen
1 EL Kirschwasser
1 Knoblauchzehe

Zubereitungszeit: 20 Min. (+ 2 Std. Garen)

Pro Portion: 7800 kJ/1900 kcal

1 Zwiebel schälen und hacken.

2 In einem großen Schmortopf bei schwacher Hitze Gänseschmalz zerlassen, die Hälfte des Sauerkrauts locker hineinlegen. Zwiebel, Wacholderbeeren und Lorbeerblatt in den Topf geben. Salzen, pfeffern. Restliches Sauerkraut locker darüber schichten. Wein und ebensoviel Wasser angießen. Topf schließen. In insgesamt etwa 1 Std. bei schwacher Hitze garen. Evtl. Wasser nachgießen.

3 Nach etwa 1 Std. Räucherspeck in das Kraut einlegen und Deckel wieder schließen.

4 Nach etwa 30 Min. Kartoffeln schälen, halbieren und zwischen das Kraut stecken und etwa 25 Min. garen.

5 Die Koteletts zum Kraut geben und noch etwa 8–10 Min. garen. Etwa 10 Min. vor Ende der Garzeit Wiener Würstchen in den Sauerkrauttopf legen.

6 Sauerkrauttopf vom Herd nehmen. Kirschwasser angießen, Knoblauchzehe schälen und dazupressen. Abschmecken, evtl. nachwürzen. Alle Zutaten auf einer vorgewärmten Platte anrichten.

Getränk: Ein kräftiger Elsässer Riesling schmeckt gut zur Choucroute.

Escalopes aux pruneaux

Aus dem Loiretal · Gelingt leicht

Schweineschnitzel mit Backpflaumen

Zutaten für 4 Portionen:
250 g Backpflaumen ohne Stein
¼ l halbtrockener Weißwein (z.B. Vouvray)
4 Schweineschnitzel (etwa 1 cm dick)
Mehl zum Bestäuben
30 g Butter (oder 2–3 EL Öl)
Salz
schwarzer Pfeffer aus der Mühle
1 EL Tomatenmark
3 EL Crème fraîche

Zubereitungszeit: 40 Min. (+ 3–4 Std. Einweichen)

Pro Portion: 1400 kJ/330 kcal

1 Backpflaumen zugedeckt in einer Schüssel mit Wein 3–4 Std. einweichen. Pflaumen im Wein in etwa 20 Min. zugedeckt garen.

2 Schnitzel kalt abbrausen, trockentupfen, salzen, pfeffern, in Mehl wenden, überschüssiges Mehl abklopfen.

3 Butter in einem flachen Schmortopf zerlassen, Schnitzel bei mittlerer Hitze auf jeder Seite etwa 3 Min. braten.

4 Pflaumen aus der Kochflüssigkeit heben, abtropfen lassen, auf einer Platte anrichten. Schnitzel dazulegen. Warm stellen.

5 Bratfond mit Pflaumensud loskochen. Um die Hälfte einkochen lassen. Mit Tomatenmark und Crème fraîche binden. Sauce über die Schnitzel gießen. Mit körnig gekochtem Reis servieren.

Getränk: Ein leichter, trockener Loire-Rotwein aus der Touraine schmeckt gut dazu.

Info: Vouvray ist ein halbtrockener Weißwein aus der Touraine, hauptsächlich in seiner schäumenden Version bekannt. Für dieses Gericht eignet sich auch ein anderer halbtrockener Weißwein, wie es ihn an der Loire und ihren Nebenflüssen in zahlreichen Versionen gibt.

Tripes à la mode de Caen

Aus der Normandie

Kutteln in Cidre und Calvados

Zutaten für 6 Portionen:
1 kg vorgekochte Kutteln (Kaldaunen)
2 Kalbsfüße, vom Metzger in Scheiben gehackt
125 g Speckschwarte
2 Möhren
4 Zwiebeln
1 Stange Lauch
2 Knoblauchzehen
4 Gewürznelken
Bouquet garni (Lorbeerblätter, Thymian, Petersilie)
Salz
schwarzer Pfeffer aus der Mühle
375 ml Cidre brut
2 cl Calvados

Zubereitungszeit: 3/4 Std. (+ 2 Std. Garen)

Pro Portion: 2300 kJ/550 kcal

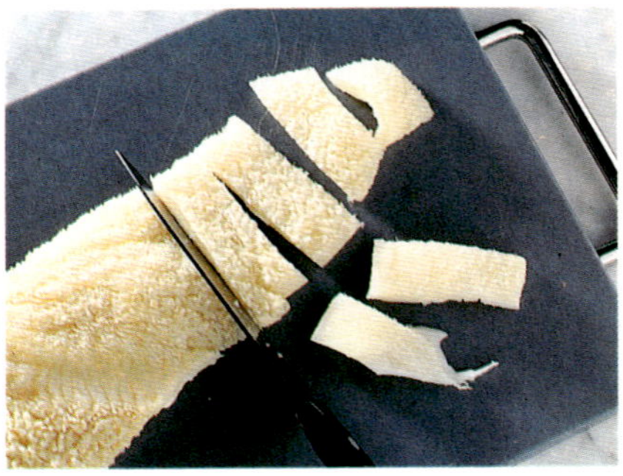

1 Kutteln unter fließendem Wasser gründlich waschen. Anschließend auf einem Schneidebrett mit einem scharfen Messer in etwa 2 cm breite Streifen schneiden.

2 Das Fleisch von den Kalbsfüßen lösen und kleinschneiden. Speckschwarte kurz in kochendem Wasser blanchieren (abbrühen).

3 Möhren putzen und waschen, Zwiebeln schälen und vierteln, Lauch putzen, unter fließendem Wasser gründlich waschen. Knoblauchzehen schälen und grob hacken.

4 Einen gußeisernen Schmortopf mit der Speckschwarte auslegen. Knochen von den Kalbsfüßen, Gemüse, Gewürznelken, Knoblauch und Bouquet garni übereinander schichten. Salzen, pfeffern. Zuoberst die Kutteln und das Fleisch von den Kalbsfüßen legen. So viel Cidre angießen, daß die Kutteln eben bedeckt sind. Calvados dazugeben. Nochmals salzen und pfeffern.

5 Topf mit einem schweren Deckel fest verschließen, wenn möglich Wasser oder Eis in den Deckel geben. Das Gericht bei sehr schwacher Hitze in mindestens 2 Std. garen.

6 Nach Ende der Garzeit Knochen, Lauchstange und Bouquet garni entfernen. Sauce entfetten, d.h. Fett abschöpfen oder einen Eiswürfel in Küchenpapier wickeln und damit über die Sauce fahren.

7 Das Gericht sehr heiß mit Weißbrot servieren.

Getränk: Reichlich Cidre brut aus der Normandie schmeckt dazu besonders gut.

Info: Kutteln oder Kaldaunen gibt es bei uns nur vom Rind. Sie werden vorgekocht und gereinigt beim Metzger angeboten. Die verlängerte Garzeit dient hauptsächlich dazu, daß sich die Aromen der Gemüse und Gewürze gut mit dem Fleisch verbinden.

Entrecôte à la bordelaise

Aus dem Bordelais · Raffiniert

Entrecôte mit Rotweinsauce

Zutaten für 4 Portionen:
800 g Entrecôte
(Zwischenrippenstück vom Rind)
1 EL Öl
2 Schalotten
2–3 Rindermarkknochen
1–2 EL Butter (oder Öl)
1 EL Mehl
200 ml Bordeaux-Rotwein
Salz
schwarzer Pfeffer aus der Mühle

Zubereitungszeit: 1 Std.
(+ 1 Std. Ruhen)

Pro Portion: 2400 kJ/570 kcal

1 Die Sehnen der oberen Schicht im Fleisch durchschneiden, damit sich das Entrecôte beim Grillen nicht wölbt. Fleisch mit Öl einreiben, etwa 1 Std. ruhen lassen.

2 Inzwischen Schalotten schälen und sehr fein hacken. Knochen kurz in Wasser kochen lassen, das Mark herauslösen, leicht auskühlen lassen und grob würfeln.

3 1 EL Butter in einer Kasserolle zerlassen. Schalottenwürfel darin glasig anbraten. Mehl anstäuben, mit Wein ablöschen. Salzen, pfeffern. Etwa 10 Min. köcheln lassen. Markwürfel in die Sauce geben und weitere 10 Min. köcheln lassen.

4 Fleisch grillen oder in einer schweren gußeisernen Bratpfanne je nach gewünschtem Gargrad mit 1 EL Butter bei starker Hitze braten. Einmal wenden (nach 25–30 Min. ist es medium gar). Salzen, pfeffern.

5 Entrecôte kurz ruhen lassen, aufschneiden, auf einer vorgewärmten Platte anrichten. Sauce darüber gießen. Servieren.

Getränk: Ein guter Bordeaux-Rotwein aus dem Médoc oder aus Saint-Émilion paßt gut dazu.

Varianten: Entrecôte mit Kräuterbutter und gehackter roher Schalotte ohne Sauce servieren.

Steak du Morvan

Aus Burgund · Geht schnell

Rindersteak mit Chablissauce

Zutaten für 4 Portionen:
6 Schalotten
4 Steaks aus der Lende
(zu je etwa 200 g, etwa 2 cm dick)
2 EL Butter (oder Öl)
Salz
schwarzer Pfeffer aus der Mühle
1 TL Dijon-Senf
100 ml Chablis-Wein

Zubereitungszeit: 25 Min.

Pro Portion: 1800 kJ/430 kcal

1 Schalotten schälen und sehr fein hacken. Fleisch kalt abbrausen, trockentupfen.

2 Eine dicke Pfanne stark erhitzen, Steaks auf beiden Seiten in der trockenen Pfanne anbraten. 1 EL Butter dazugeben, unter das Fleisch laufen lassen. Scheiben je nach gewünschtem Gargrad auf jeder Seite 4–5 Min. bei starker Hitze braten. Salzen, pfeffern. Warm stellen.

3 In der Steakpfanne Schalotten in der restlichen Butter glasig schmoren. Senf mit Wein anrühren, auf die Schalotten gießen. Mit einem Holzlöffel umrühren. Abschmecken. Sauce etwas einkochen lassen, auf den Steaks verteilen.

4 Steaks mit der Sauce und Baguette oder Pommes frites sehr heiß servieren.

Getränk: Ein feiner roter Bourgogne Premier Cru oder ein Beaujolais-Villages paßt vorzüglich.

Variante: Statt Chablis einen anderen Burgunder Weißwein verwenden, jedoch sollte es einer von der feineren Art sein, z.B. ein Pouilly-Fuissé, denn dieses relativ einfache Gericht besticht vor allem durch seine edlen Zutaten.

Bœuf en daube

Aus dem Périgord · Gut vorzubereiten

Geschmortes Rindfleisch in Rotwein

Zutaten für 4 Portionen:
750 g Rindfleisch (Schulter oder Wadschenkel)
ein paar frische Speckschwarten zum Auslegen
200 g durchwachsener Räucherspeck ohne Schwarte
2 Bund Petersilie
4 Knoblauchzehen
6 Schalotten
Salz
schwarzer Pfeffer aus der Mühle
1 Zwiebel
3 Gewürznelken
1 Zweig Thymian
1 Lorbeerblatt
1 Msp. Quatre-Épices (Mischung aus 3 Teilen schwarzem Pfeffer und 1 Teil Nelkenpulver, geriebener Muskatnuß und Ingwerpulver zu gleichen Teilen)
375 ml kräftiger Rotwein (z. B. Cahors oder Châteauneuf-du-Pape)

Zubereitungszeit: ½ Std. (+ 5 Std. Garen)

Pro Portion: 3500 kJ/830 kcal

1 Fleisch kalt abbrausen, trockentupfen, in große Würfel schneiden. Speckschwarten in kochendem Wasser blanchieren.

2 Räucherspeck fein würfeln. Petersilie waschen, trockentupfen und fein hacken. Knoblauch und Schalotten schälen und kleinschneiden. Speck, Petersilie, Knoblauch und Schalotten in einer Schüssel miteinander vermengen.

3 Einen gußeisernen Schmortopf mit Speckschwarten auslegen. Hälfte des Rindfleischs darauf schichten. Salzen, pfeffern. Eine Hälfte der Kräuter-Zwiebel-Mischung darüber verteilen.

4 Restliches Rindfleisch in den Topf geben, salzen, pfeffern, Rest der Kräuter-Zwiebel-Mischung darauf verteilen. Zwiebel schälen, mit Gewürznelken spicken. Mit Thymian, Lorbeerblatt und Quatre-Épices in den Topf geben. Rotwein angießen.

5 Den Topf fest schließen. Eventuell mit einem mehrfach gefalteten Alufolienstreifen abdichten. Oder einen vertieften Deckel oder ein vertieftes Gefäß mit Eiswürfeln obenauf setzen. Während der gesamten Garzeit Eiswürfel nachfüllen. Gericht bei geringstmöglicher Hitze in etwa 5 Std. garen. Den Topf nicht öffnen.

6 Vor dem Servieren die Flüssigkeit entfetten, d.h. das Fett abschöpfen oder mit in Küchenpapier eingewickelten Eiswürfeln darüber fahren. Gericht im Topf mit reichlich Baguette servieren.

Getränk: Trinken Sie dazu einen kräftigen, dunklen Rotwein, am besten den gleichen, der zum Kochen verwendet wurde.

Info: En daube garen, heißt ein Fleisch in einem würzigen Fond, meist auf der Basis von Rotwein, langsam schmoren. Auf diese Weise gegartes Rindfleisch bezeichnet man oft als Daube ohne näheren Zusatz.
En daube werden auch Schwein, Lamm, Poularde, Kaninchen, Hase und Fasan zubereitet.

Escalopes de veau

Aus dem Périgord · Gelingt leicht

Kalbsschnitzel mit Schalottensauce

Zutaten für 4 Portionen:
4 Kalbsschnitzel (zu je etwa 125 g)
2 EL Olivenöl
3–4 Schalotten
½ EL Schweineschmalz
½ EL Mehl
300 ml Fleischbrühe oder -fond
Salz
schwarzer Pfeffer aus der Mühle
einige Stengel Kerbel
½ Bund Petersilie

Zubereitungszeit: 30 Min.

Pro Portion:
790 kJ/190 kcal

1 Schnitzel waschen, trockentupfen. In einer Pfanne Öl erhitzen und die Schnitzel bei sehr starker Hitze auf beiden Seiten 2–3 Min. braten. Aus der Pfanne nehmen, warm stellen.

2 Schalotten schälen und sehr fein hacken. In der Pfanne im Bratfond Schmalz zerlassen, Schalotten darin hellgoldgelb anbraten. Mehl anstäuben, mit einem Holzlöffel umrühren, bis das Mehl etwas Farbe angenommen hat. Mit Fleischbrühe ablöschen. Salzen, pfeffern.

3 Sauce zudecken und bei schwacher Hitze etwa 10 Min. köcheln lassen.

4 Inzwischen Kerbel und Petersilie waschen, trockentupfen, sehr fein hacken. Schnitzel auf einer vorgewärmten Platte anrichten. Sauce darüber gießen. Mit Kerbel und Petersilie bestreuen. Mit Baguette oder Nudeln servieren.

Getränk: Ein leichter Roséwein aus Südfrankreich paßt gut zu diesem Gericht aus dem Périgord, wo es keinen Weinbau gibt.

Tip! Im Périgord wird gern mit Schweineschmalz gekocht. Wenn Sie kein erstklassiges Schmalz bekommen, verwenden Sie lieber Butter.

Ris de veau normand

Aus der Normandie · Festlich

Kalbsbries mit Äpfeln und Calvados

Zutaten für 4 Portionen:
700 g Kalbsbries
Salz
50 g Butter
1 Msp. geriebene Muskatnuß
schwarzer Pfeffer aus der Mühle
4 kleine säuerliche Äpfel (z.B. Boskop)
2 EL Calvados
150 g Sahne

Zubereitungszeit: 1 Std. (+ 2 Std. Wässern)

Pro Portion: 1700 kJ/400 kcal

1 Bries etwa 2 Std. wässern.

2 Bries herausnehmen, in einem Topf mit kaltem Wasser aufsetzen, salzen, aufkochen, 3–4 Min. pochieren (garziehen lassen).

3 Bries in ein Sieb legen, kalt abbrausen. Haut abziehen. Mit Küchenpapier vorsichtig abtupfen.

4 Die Hälfte der Butter in einer Kasserolle zerlassen, Bries hineingeben, mit Muskatnuß, Pfeffer und evtl. noch etwas Salz würzen. Topf zudecken und das Bries bei mittlerer Hitze in 8–10 Min. garen.

5 Inzwischen Äpfel vierteln, Kerngehäuse entfernen. Nicht schälen! Apfelviertel in der restlichen Butter in einer Kasserolle weich schmoren. Evtl. 1 EL Wasser dazugeben.

6 Bries nach Ende der Garzeit auf einer vorgewärmten Platte anrichten. Den in einer Schöpfkelle leicht angewärmten Calvados flambieren, d. h. anzünden und brennend darüber gießen. Vorsichtig hantieren, damit es keine Stichflamme gibt. Den Fond mit Sahne binden, evtl. etwas einkochen lassen.

7 Äpfel um das Bries anrichten. Sauce darüber gießen. Servieren.

Getränk: Cidre brut aus der Normandie schmeckt besonders gut dazu.

Info: Kalbsbries, die Thymusdrüse des Kalbes, ist besonders leicht verdaulich und vitamin- und nährstoffreich.

Blanquette de veau

Aus der Île-de-France · Gelingt leicht

Kalbsblankett

Zutaten für 4 Portionen:
1,5 kg Kalbsbrust, in Rippen geteilt
¼ l trockener Weißwein
Salz
1 große Zwiebel
4 Gewürznelken
2 Möhren
1 Stange Lauch
1 Knoblauchzehe
Bouquet garni (Petersilie, Lorbeerblatt, Thymian)
½ TL Pfefferkörner
4 EL Butter
1 EL Mehl
2–3 Bund Frühlingszwiebeln
250 g kleine Champignons
Saft von 1 Zitrone
schwarzer Pfeffer aus der Mühle
1 Eigelb
100 g Crème fraîche

Zubereitungszeit: 1¾ Std.

Pro Portion: 3400 kJ/810 kcal

1 Kalbsrippen kalt abbrausen, trokkentupfen. In einen großen Topf mit Wasser geben, Wein angießen. Die Flüssigkeit soll das Fleisch bedecken, sonst noch etwas Wasser dazugießen. Salzen. Zum Kochen bringen, abschäumen.

2 Zwiebel schälen, mit Nelken spicken. Möhren putzen, waschen, vierteln. Lauch putzen, längs vierteln, waschen. Knoblauchzehe schälen. Gemüse mit dem Bouquet garni zum Fleisch in den Sud geben. Pfefferkörner einstreuen, zudecken. Bei schwacher Hitze 1–1½ Std. kochen lassen.

3 Inzwischen die Hälfte der Butter in einer Kasserolle zerlassen. Mehl anstäuben. Etwa 2 Min. unter Umrühren erhitzen, nicht bräunen lassen. Vom Herd nehmen, abkühlen lassen.

4 Frühlingszwiebeln schälen, etwas einkürzen. 1 EL Butter in einer weiteren Kasserolle zerlassen, 1 EL Kalbssud dazugeben. Zwiebeln darin garen, bis die Flüssigkeit verdampft ist. Keine Farbe annehmen lassen.

5 Pilze putzen, kurz kalt abbrausen. In einer Pfanne mit der restlichen Butter, Zitronensaft, Salz und Pfeffer in etwa 10 Min. unter Umrühren garen.

6 Fleisch aus dem Topf nehmen, abtropfen lassen. Brühe durch ein Sieb gießen. Erkaltete Butter-Mehl-Mischung darin auflösen. Mit dem Schneebesen schlagen. Sauce je nach gewünschter Konsistenz einkochen lassen.

7 Inzwischen Eigelb mit Crème fraîche verquirlen, 2–3 EL Brühe hineinrühren. Alles unter die Sauce mischen.

8 Kalbsrippen, Champignons und Zwiebeln wieder in den Schmortopf geben. Sauce dazugießen. Alles bei schwacher Hitze noch einmal erwärmen, nicht kochen lassen.

Getränk: Dazu paßt ein junger Beaujolais oder auch ein trockener Loire-Weißwein.

Varianten: Statt der Kalbsbrust können Sie auch 1 kg ausgelöste Kalbsschulter und 1–2 Kalbsknochen verwenden. Das Fleisch wird vor der Zubereitung in große Würfel geschnitten (siehe Foto). Das gleiche Rezept eignet sich auch für Lammfleisch oder Hähnchen.

Info: Unter Blanquette versteht man in Frankreich ganz allgemein ein Ragout aus hellem Fleisch mit Pilzen und Frühlingszwiebeln mit einer Sauce aus heller Mehlschwitze.

Tip! Wenn die Sauce zu dünnflüssig erscheint, binden Sie sie mit etwas in Wasser angerührtem Mehl, bevor Sie Crème fraîche und Eigelb hinzufügen.

Gigot à l'auvergnate

Aus der Auvergne · Gelingt leicht

Lammkeule aus dem Ofen

Zutaten für 4 Portionen:
1 kg vorwiegend festkochende Kartoffeln
100 g weiche Butter
1 Msp. geriebene Muskatnuß
Salz
schwarzer Pfeffer aus der Mühle
150 g durchwachsener frischer Speck ohne Schwarte
1 Lammkeule (etwa 1 kg)
2 Knoblauchzehen

Zubereitungszeit: 30 Min. (+ 1½–2 Std. Garen)

Pro Portion: 5000 kJ/1200 kcal

1 Kartoffeln schälen und in feine Scheiben schneiden. Eine Bratreine ausbuttern und mit einer dicken Schicht Kartoffelscheiben auslegen. Mit geriebener Muskatnuß, Salz und Pfeffer würzen. ⅔ der verbliebenen Butter darauf verteilen. Speck würfeln und obenauf streuen. Etwa 200 ml Wasser angießen.

2 Backofen auf 250° (Gas Stufe 5) vorheizen. Lammkeule waschen und trockentupfen. Restliche Butter zerlassen, nicht bräunen lassen. Lammkeule damit bestreichen. Knoblauchzehen schälen, in Stifte schneiden. Lammkeule damit spicken: mit einem spitzen Messer in regelmäßigen Abständen ½ cm große Einschnitte ins Fleisch machen und Knoblauchstifte hineinstecken.

3 Keule auf die Kartoffelschicht legen, salzen, pfeffern und im Backofen (Mitte) in der offenen Bratreine in 1½–2 Std. garen. In der Reine servieren. Dazu passen grüne Bohnen.

Getränk: Ein Beaujolais-Villages schmeckt gut dazu.

Info: Früher wurden Gerichte dieser Art mit Hammelkeule zubereitet. Hammelfleisch von 9 Monate bis 1 Jahr alten kastrierten männlichen Schafen ist hervorragend, doch findet man es heute kaum noch. Für wahre Liebhaber des speziellen Odeurs ist es jedoch unersetzbar!
Lammfleisch, wie es heute meist verkauft wird, stammt von 4 bis 6 Monate alten Tieren.

Gigot à la menthe

Aus Lyon · Geht schnell

Lammkeule mit frischer Minze

Zutaten für 4 Portionen:
4 Scheiben Lammkeule (zu je etwa 150 g)
2 Zweige frische Minze
schwarzer Pfeffer aus der Mühle
2 EL Olivenöl
Saft von 1 Zitrone
Salz

Zubereitungszeit: 20 Min. (+ 4 Std. Marinieren)

Pro Portion: 1700 kJ/400 kcal

1 Lammscheiben kalt abbrausen, gut abtrocknen, auf einer Platte ausbreiten. Minzeblättchen waschen, trockentupfen, abzupfen, auf den Fleischscheiben verteilen. Pfeffern. Olivenöl darüber träufeln. Das Fleisch etwa 4 Std. durchziehen lassen.

2 Elektrogrill vorheizen.

3 Lammscheiben auf den Grill legen und 3–4 Min. auf jeder Seite grillen. Salzen, pfeffern.

4 Lammscheiben auf einer vorgewärmten Platte anrichten, mit dem Zitronensaft beträufeln. Sofort servieren. Grüne Bohnen und Landbrot dazu reichen.

Getränk: Ein roter Bordeaux aus dem Médoc oder Graves schmeckt gut dazu.

Info: Die angegebene Menge reicht für 4 Portionen, wenn es davor eine etwas sättigendere Vorspeise gegeben hat. Sonst für 4 Portionen 8 Lammscheiben grillen.

Côtes d'agneau persillées

Lammkoteletts südfranzösische Art

Aus der Provence · Schnell fertig

Zutaten für 4 Portionen:
8 doppelte Lammkoteletts
(zu je 125–150 g, etwa 2 cm dick)
2 Bund Petersilie
6 EL Semmelbrösel
etwa 6 Knoblauchzehen
Salz
schwarzer Pfeffer aus der Mühle
2 EL Butter
4 EL Olivenöl

Zubereitungszeit: 45 Min.

Pro Portion: 3000 kJ/710 kcal

1 Lammkoteletts kalt abbrausen, trockentupfen. Backofen auf 250° (Gas Stufe 5) vorheizen.

2 Petersilie waschen, trockenschütteln, sehr fein hacken. In einer Schüssel mit den Semmelbröseln mischen. Knoblauchzehen schälen und dazupressen. Salzen, pfeffern.

3 Butter in einer Pfanne zerlassen. Koteletts auf jeder Seite 2–3 Min. anbraten. Salzen, pfeffern und auf einer feuerfesten Platte anrichten. Dick mit der Kräutermischung belegen. Öl darauf träufeln.

4 Koteletts im Backofen (Mitte) 8–10 Min. überkrusten, bis sich die Kräuterdecke leicht bräunt. Mit Grilltomaten oder grünen Bohnen servieren.

Getränk: Dazu paßt ein provenzalischer Rotwein, z. B. Côtes-de-Provence oder – etwas kräftiger – ein Côtes-du-Rhône.

Côtes d'agneau normandes

Aus der Normandie · Gelingt leicht

Lammkoteletts nordfranzösische Art

Zutaten für 4 Portionen:
8 Lammkoteletts (1–1,5 cm dick)
Saft von 1 Zitrone
3 Gemüsezwiebeln
70 g Butter
Salz
schwarzer Pfeffer aus der Mühle
⅛ l Fleischbrühe oder -fond
1 EL Semmelbrösel

Zubereitungszeit: 45 Min.
(+ 1 Std. Ruhen)

Pro Portion: 3700 kJ/880 kcal

1 Koteletts kalt waschen, trockentupfen. Mit Zitronensaft beträufeln. Etwa 1 Std. ruhen lassen.

2 Gemüsezwiebeln schälen, grob hacken. 4 TL Butter in einer Kasserolle zerlassen, Zwiebeln bei schwacher Hitze darin dünsten, ohne sie zu bräunen. Salzen, pfeffern. Fleischbrühe angießen. Köcheln lassen, bis die Zwiebeln sehr weich sind.

3 Inzwischen 2 TL Butter zerlassen, Koteletts damit bepinseln. Salzen, pfeffern, in Semmelbröseln wälzen.

4 Restliche Butter in einer Pfanne erhitzen, Koteletts auf beiden Seiten je etwa 4 Min. darin braten.

5 Zwiebeln in ein Schälchen füllen und mit einer Gabel zermusen oder mit dem Pürierstab pürieren. Zwiebelmus auf einer vorgewärmten Platte anrichten. Koteletts obenauf legen und servieren. Baguette dazu reichen.

Getränk: Cidre brut aus der Normandie oder ein Rotwein von der Loire passen gut dazu.

Info: Das Lammfleisch aus dem Norden Frankreichs wird besonders geschätzt, da die Tiere hier das vom Salz des Atlantik durchdrungene Gras fressen.

GEFLÜGEL UND WILD

Sonntags ein Huhn im Topf, wünschte König Henri IV seinen Bauern. Er wußte, daß er damit mitten ins Herz seines Volkes traf. Ohne Hühnchen und Hähnchen wäre die französische Küche nicht vorstellbar. Es gibt keine Region ohne ein typisches Gericht aus diesem Geflügel, das sich wie kein anderes variieren und mit allen nur vorstellbaren Zutaten kombinieren läßt.

Beim Geflügelhändler kauft man auch – wenngleich unbeflügelt – das Hauskaninchen, eine weitere Lieblingsspeise der Franzosen. Für sein helles Fleisch gibt es ebenfalls zahlreiche Zubereitungsarten.

Gänse und Enten spielen in einigen Regionen eine wichtige Rolle. Haar- und Niederwild, d.h. Reh, Hase und Wildschwein, bereichern die französische Speisekarte, mehr noch das Wildgeflügel, von der Wachtel bis zum Fasan, vom Rebhuhn bis zur Wildente.

Der Geflügel- oder Wildgang steht im großen französischen Menü hinter dem Fleischgang – als Höhepunkt und Gipfel des Genusses.

Zu hellem Geflügel schmeckt ein trockener oder halbtrockener Weißwein oder ein leichter Rotwein, zu dunklem Geflügel können Sie einen körperreichen Weißwein oder einen fruchtigen Rotwein reichen. Zu Wild eignet sich ein kräftiger, gehaltvoller Rotwein am besten.

Coq au vin

Aus Burgund · Gelingt leicht

Hahn in Burgunder

Zutaten für 4 Portionen:
1 junger küchenfertiger Hahn (etwa 1,5 kg, eventuell vom Händler in 10 Portionsstücke schneiden lassen)
100 g durchwachsener Räucherspeck ohne Schwarte
12 kleine Zwiebeln oder Schalotten
70 g Butter · 2 EL Mehl
½ l Burgunder Rotwein
4 cl Cognac
Bouquet garni (Petersilie, Lorbeerblatt, Thymian)
1 Msp. geriebene Muskatnuß
Salz
schwarzer Pfeffer aus der Mühle
200 g kleine Champignons

Zubereitungszeit: 1¼ Std.

Pro Portion: 3700 kJ/880 kcal

1 Hahn kalt abbrausen, trockentupfen, wenn noch nicht geschehen, in 10 Portionsstücke teilen. Räucherspeck fein würfeln. Zwiebeln oder Schalotten schälen.

2 50 g Butter in einem Schmortopf erhitzen, Zwiebeln und Speckwürfel dazugeben und glasig anbraten. Aus dem Topf nehmen und auf einen Teller legen.

3 Hahnteile bei starker Hitze in dem Fett ringsherum goldgelb anbraten, Mehl anstäuben. Zwiebeln oder Schalotten und Speck dazugeben. Alles ein paar Min. unter Umrühren schmoren lassen. Wein angießen, umrühren, Cognac dazugeben. Bouquet garni einlegen, mit Muskatnuß, Salz und Pfeffer würzen.

4 Topf zudecken und das Gericht etwa 40 Min. bei schwacher Hitze köcheln lassen, bis das Fleisch zart ist (Bißprobe).

5 Inzwischen Champignons putzen, Stiele entfernen, Pilze trocken abreiben. In restlicher Butter in etwa 5–10 Min. gar schmoren.

6 Hahn aus dem Topf nehmen und warm stellen. Sauce eventuell bei starker Hitze noch etwas einkochen lassen. Bouquet garni entfernen. Sauce abschmecken, evtl. nachwürzen. Champignons in die Sauce geben.

7 Hahn auf einer vorgewärmten Platte anrichten, mit Sauce übergießen, mit Baguette servieren.

Getränk: Trinken Sie dazu in diesem wie in den folgenden Fällen den gleichen Wein, der für die Sauce verwendet wurde.

Varianten: Coq au riesling
(Hähnchen in Rieslingsauce)
Hähnchenteile in Butter anbraten. Bouquet garni und Champignons dazugeben. Pfeffern, salzen, Elsässer Riesling dazugeben. Gericht in etwa 40 Min. garen. Schalottenwürfel gesondert in Butter gar schmoren. Zum Schluß in die Sauce geben. Sauce mit Crème fraîche binden.

Coq au vin de pays
(Hähnchen ländliche Art)
Statt des feineren Burgunder Rotweines einen einfachen roten Landwein, z.B. aus Südfrankreich, verwenden und 2 EL Tomatenmark zu den Hähnchenteilen in den Topf geben.

Poulet sauté au lard

Aus dem Périgord · Gelingt leicht

Hähnchen mit Specksauce

Zutaten für 4 Portionen:
1 küchenfertiges Brathähnchen (etwa 1,5 kg)
150 g durchwachsener frischer Speck ohne Schwarte
1 Zwiebel
2 Tomaten
2 EL Öl
Salz
schwarzer Pfeffer aus der Mühle
2 Zweige Thymian

Zubereitungszeit: 1¼ Std.

Pro Portion: 3300 kJ/790 kcal

1 Hähnchen kalt abbrausen, trockentupfen, in Portionsstücke teilen.

2 Speck in schmale Streifchen schneiden. Zwiebel schälen und fein hacken. Tomaten in kochendheißes Wasser tauchen, kurz ziehen lassen, häuten, quer halbieren, Kerne und Stielansätze entfernen. Fruchtfleisch kleinschneiden.

3 In einem Schmortopf Speck in Öl ausbraten. Wenn die Speckstückchen schön knusprig braun sind, mit einem Schaumlöffel aus dem Topf heben, beiseite stellen.

4 Zwiebel in dem Fett glasig schmoren, Hähnchenteile bei starker Hitze anbraten. Salzen, pfeffern. Nach etwa 5 Min. Thymian und Tomaten in den Topf geben.

5 Den Topf zudecken und das Gericht bei schwacher Hitze in etwa 30 Min. garen. Wenn notwendig, etwas Wasser angießen. Zum Schluß die Speckstückchen wieder in die Sauce geben und kurz mit erhitzen. Mit Baguette servieren.

Getränk: Dazu schmeckt ein Rosé oder ein heller, junger Rotwein aus dem Bordelais.

Poulet à l'oseille

Aus der Normandie · Gelingt leicht

Hähnchen mit Sauerampfer

Zutaten für 4 Portionen:
1 küchenfertiges Brathähnchen (etwa 1,5 kg)
Salz
schwarzer Pfeffer aus der Mühle
200 g Sauerampfer
50 g Butter
250 ml herber Apfelsaft oder Cidre
1 Eigelb
200 g Crème fraîche

Zubereitungszeit: 1 Std. (+ 45 Min. Garen)

Pro Portion: 3600 kJ/860 kcal

1 Hähnchen innen und außen gründlich waschen, trockentupfen, in Portionsstückchen teilen. Salzen und pfeffern. Sauerampferblätter von den Stielen zupfen, waschen, trockentupfen, fein hacken.

2 Butter in einem Schmortopf erhitzen, Hähnchen darin bei starker Hitze goldgelb anbraten. Sauerampferblätter in den Topf geben, Hitze reduzieren. Ein paar Min. schmoren lassen, mit Salz und Pfeffer abschmecken. Apfelsaft oder Cidre angießen. Topf zudekken und das Gericht in etwa 45 Min. bei schwacher Hitze gar schmoren.

3 Kurz vor dem Servieren eine Anrichteplatte und eine Saucenschüssel wärmen. Hähnchenteile abtropfen lassen, auf der Platte warm stellen.

4 Eigelb mit Crème fraîche verquirlen. Einige EL Kochflüssigkeit dazugießen, gut umrühren. Die Mischung in den Topf gießen, bei schwacher Hitze erwärmen, nicht mehr kochen lassen. Mit dem Schneebesen schlagen. Etwas Sauce über die Hähnchenteile gießen, den Rest in der Saucenschüssel servieren. Nach Belieben mit frischem Sauerampfer garnieren.

Getränk: Zu diesem Gericht paßt ein frischer junger Beaujolais.

Tip! Garen Sie Gerichte mit Sauerampfer niemals in Aluminiumtöpfen. Die in den Blättern enthaltene Säure greift Aluminium an, und es bilden sich giftige Stoffe.

Poule au pot

Aus Béarn · Braucht etwas Zeit

Gefülltes Suppenhuhn

Zutaten für 4 Portionen:
250 g Möhren · 250 g weiße Rübchen
2 Stangen Lauch
1 junges küchenfertiges Suppenhuhn mit Innereien (etwa 1,5 kg)
1 Markknochen + 3 Suppenknochen
1 Zwiebel · 5 Gewürznelken
Bouquet garni (Lorbeerblatt, Thymian)
Salz · 1 trockenes Brötchen vom Vortag
50 g durchwachsener Räucherspeck ohne Schwarte
50 g roher Schinken · 1 Bund Petersilie
1 Zweig Estragon · 1 Schalotte
schwarzer Pfeffer aus der Mühle
1 Knoblauchzehe · 1 Ei

Zubereitungszeit: 1½ Std. (+ 2 Std. Garen)

Pro Portion: 2700 kJ/640 kcal

1 3 l Wasser zum Kochen aufsetzen. Gemüse waschen, putzen und nicht zu klein schneiden. Hühnerinnereien und Knochen gründlich kalt waschen. Zwiebel mit Nelken spicken. Alles mit dem Bouquet garni in das kochende Wasser geben. Salzen, etwa 1 Std. kochen lassen.

2 Inzwischen das Brötchen in lauwarmem Wasser einweichen, ausdrücken. Speck und Schinken sehr fein hacken. Petersilie und Estragon waschen, trockentupfen, ebenfalls hacken. Schalotte schälen und kleinschneiden. Alles mit dem Brötchen in einer Schüssel verkneten. Salzen, pfeffern. Knoblauchzehe schälen, dazupressen. Mit Ei binden.

3 Huhn kalt abbrausen, trockentupfen, mit Farce füllen, zunähen. Beine und Flügel mit Küchengarn am Körper befestigen.

4 Huhn in den Sud legen und je nach Alter und Größe in etwas mehr oder weniger als 2 Std. garkochen lassen.

5 Küchengarn entfernen, Huhn auf einer vorgewärmten Platte anrichten. Gemüse mit einem Schaumlöffel aus dem Sud heben, um das Huhn legen. Brühe für eine andere Gelegenheit aufbewahren. Das Gericht mit Cornichons und Landbrot servieren.

Getränk: »Schwarzer« Wein aus Cahors passt gut dazu.

Geflügel ist besonders typisch für die französische Küche.

Geflügel

Zum besseren Verständnis der unterschiedlichen Bezeichnungen auf französischen Speisekarten und in den Rezepten hier einige Erläuterungen:
Poussin oder Coquelet: junges Hähnchen, bei uns auch Küken oder Stubenküken genannt, 250–500 g schwer.
Coq oder Poulet: Beides bedeutet dasselbe. Coq ist die allgemeine Bezeichnung für männliches Geflügel. Manche Gerichte werden traditionell mit diesem Wort bezeichnet, z. B. Coq au vin. Man versteht darunter junge, 8–14 Wochen alte Masthähnchen von 700 g–1,2 kg mit besonders zartem Fleisch.
Poularde: junges Masthuhn, 1,5–2,5 kg schwer, mit weißem, festem, aber zartem Fleisch. Berühmt sind die runden Poulardes de Bresse. Für dies mit reinem Naturfutter gemästete Geflügel benötigen die Züchter eine Lizenz, sie werden kontrolliert und ihre Produkte erhalten ein Gütesiegel.
Poule: Suppenhuhn, das von Legehennen mit etwa 1,5 kg Gewicht stammt. Für Suppen, Frikassees und Eintöpfe geeignet, ergibt einen kräftigen Geschmack.

HENRI IV

Pintade aux morilles

Aus dem Périgord · Raffiniert

Perlhuhn mit Morcheln

Zutaten für 4 Portionen:
¼ l Milch
50 g getrocknete Morcheln
(oder 250 g frische)
1 küchenfertiges Perlhuhn
(etwa 1,2 kg)
50 g Petit Suisse (Frischkäse)
Salz
schwarzer Pfeffer aus der Mühle
200 g Räucherspeck in Scheiben
ohne Schwarte
2 EL Öl · 2 cl Cognac
100 g Crème fraîche

Zubereitungszeit: 1 Std.
(+ 2–3 Std. Einweichen)

Pro Portion: 4000 kJ/950 kcal

1 Milch mit der gleichen Menge Wasser in eine Schüssel gießen. Getrocknete Morcheln darin 2–3 Std. einweichen. Frische Morcheln putzen, sorgfältig waschen, um den Sand zu entfernen.

2 Backofen auf 250° (Gas Stufe 5) vorheizen. Perlhuhn kalt abbrausen, trockentupfen. Frischkäse salzen und pfeffern. In das Innere legen. Öffnung mit Küchengarn zunähen. Perlhuhn dressieren, d.h. Schenkel und Flügel am Körper festbinden.

3 Speckscheiben goldgelb anbraten, Bräter damit auslegen, Perlhuhn darauf betten. Im Backofen (Mitte) in etwa 45 Min. garen. Mit Wasser, später mit Bratfond begießen.

4 Nach etwa 30 Min. Garzeit Morcheln aus der Milch nehmen, kalt abbrausen, abtropfen lassen. Mit Küchenpapier abtupfen. Öl in einer Kasserolle erhitzen. Pilze darin bei schwacher Hitze etwa 15 Min. schmoren lassen. Salzen, pfeffern.

5 Perlhuhn aus dem Ofen nehmen, mit leicht angewärmtem Cognac übergießen, flambieren (anzünden und kurz abbrennen lassen). Vorsichtig hantieren, damit Sie sich nicht verbrennen. Küchengarn entfernen, Perlhuhn auf einer Platte anrichten. Warm stellen.

6 Speck aus der Sauce nehmen. Evtl. Fett abschöpfen und mit Crème fraîche binden. Morcheln um das Perlhuhn anrichten. Sauce gesondert dazu reichen. Sehr heiß servieren.

Variante: Statt Petit Suisse Gervais verwenden.

Canard à la bigarade

Aus der Gascogne · Für Gäste

Flugente mit Orangensauce

Zutaten für 4 Portionen:
1 küchenfertige Flugente (etwa 1,5 kg)
Salz
schwarzer Pfeffer aus der Mühle
1 kg unbehandelte Orangen
250 g Zucker
100 ml guter Weinessig
5 cl Armagnac

Zubereitungszeit: *1 3/4 Std.*

Pro Portion: *5200 kJ/1200 kcal*

1 Backofen auf 250° (Gas Stufe 5) vorheizen. Flugente innen und außen waschen, trockentupfen. Salzen, pfeffern. In einer feuerfesten Form in etwa 30 Min. knusprig braun braten. Einmal wenden.

2 Inzwischen die Orangen hauchdünn abschälen, die Schalen in feinste Streifchen schneiden. Früchte auspressen.

3 In einer Kasserolle bei mittlerer Hitze Zucker in Essig auflösen und unter ständigem Umrühren mit dem Holzlöffel karamelisieren lassen. Den Bratfond der Ente abgießen, aufbewahren. Statt dessen Karamelsauce über die Ente gießen. Etwas Orangensaft auf den Boden des Gefäßes gießen, damit der Karamel nicht anbrennt. Orangenschalen auf der Ente verteilen.

4 Backofenhitze auf 200° (Gas Stufe 3) reduzieren. Ente in etwa 1 Std. fertig garen. Alle 10 Min. mit Orangensaft und Bratfond begießen.

5 Ente aus dem Ofen nehmen, tranchieren, auf einer vorgewärmten Platte anrichten. Armagnac in einer Schöpfkelle über einer Kerze leicht erwärmen, über die Ente gießen, flambieren (anzünden und kurz abbrennen lassen). Vorsichtig hantieren, damit es keine Stichflamme gibt. Sofort mit Baguette servieren. Sauce dazu reichen.

Getränk: Dazu paßt ein leichter roter Bordeaux Supérieur.

Info: Im Originalrezept werden Pomeranzen verwendet. Sie sind bei uns leider nur selten zu kaufen.

Alicot

Aus dem Périgord · Braucht etwas Zeit

Gänseklein mit Kastanien und Pilzen

Zutaten für 4 Portionen:
300 g Schwarzwurzeln
300 g Möhren · 750 g Steinpilze oder Champignons
12 Eßkastanien (Maronen)
1 kg Gänseklein (Magen, Flügel, Hals)
2 EL Gänseschmalz
1 Msp. geriebene Muskatnuß
Bouquet garni (Lorbeerblatt, Petersilie, Thymian)
2 EL Tomatenmark · Salz
schwarzer Pfeffer aus der Mühle

Zubereitungszeit: ¾ Std. (+ 2 Std. Garen)

Pro Portion: 4500 kJ/1100 kcal

1 Schwarzwurzeln unter fließendem Wasser schaben und in fingerlange Stücke schneiden. In sprudelnd kochendem Wasser 2–3 Min. blanchieren. Möhren putzen, waschen, große Wurzeln in fingerlange Stücke schneiden. Pilze putzen und kleinschneiden.

2 Backofen auf höchste Stufe vorheizen. Schalen der Kastanien mit spitzem Messer kreuzweise einritzen. Kastanien im Backofen erhitzen, bis die Schalen aufspringen. Schalen und darunterliegende Haut entfernen. Geflügelteile waschen, trockentupfen und in mundgerechte Stücke schneiden.

3 Gänseschmalz in einer Pfanne erhitzen. Pilze und Fleisch nacheinander darin anbraten. Pilze, Schwarzwurzeln, Möhren und Kastanien in einen dickwandigen Schmortopf geben. Mit Muskatnuß würzen. Bouquet garni einlegen. Tomatenmark hinzufügen. Salzen, pfeffern. 200 ml Wasser angießen. Zum Kochen bringen. Gänseklein in den Topf geben. Deckel schließen. Gericht in etwa 2 Std. bei schwächster Hitze auf dem Herd oder im Backofen garen.

4 Vor dem Servieren das Bouquet garni entfernen. Mit Landbrot servieren.

Variante: Das gleiche Gericht mit Enten- oder Putenklein bereiten.

Pigons rôties

Aus den Landes · Gelingt leicht

Gebratene Tauben

Zutaten für 6 Portionen:
3 küchenfertige Tauben mit Leber und Magen
Salz
schwarzer Pfeffer aus der Mühle
3 dünne Scheiben frischer Speck zum Umwickeln
50 g Gänseschmalz
5 cl Armagnac
3 Scheiben Toastbrot
70 g Butter

Zubereitungszeit: 45 Min.

Pro Portion: 2400 kJ/570 kcal

1 Backofen auf 250° (Gas Stufe 5) vorheizen. Tauben innen und außen kalt waschen, trockentupfen, salzen, pfeffern. Mit Speck umwickeln, Beine und Flügel mit Küchengarn am Körper festbinden. Mit etwas Gänseschmalz bepinseln.

2 Tauben im Backofen in 20–25 Min. garen.

3 Inzwischen Mägen und Lebern fein hacken, im restlichen Gänseschmalz in etwa 8 Min. weich schmoren. Leicht salzen und pfeffern. Mit etwas Armagnac beträufeln. Im Mixer fein pürieren.

4 Toastbrot diagonal halbieren, in Butter braten, mit dem Mus aus Leber und Mägen bestreichen. Warm stellen.

5 Tauben aus dem Ofen nehmen, Speck und Küchengarn entfernen. Tauben halbieren, warm stellen. Bratfond mit restlichem Armagnac loskochen. Tauben neben den Brotscheiben anrichten. Sauce getrennt dazu reichen. Grüne Erbsen dazu servieren.

Getränk: Ein Rotwein aus Graves paßt gut dazu.

Lapin au Vermouth

Aus Quercy · Raffiniert

Kaninchen in Vermouth

Zutaten für 4 Portionen:
1 küchenfertiges Kaninchen mit Leber (etwa 1,3 kg), möglichst vom Händler in Portionsstücke hacken lassen
300 ml französischer Vermouth
2 Zweige Thymian
1 Lorbeerblatt
1 Zwiebel
6 Wacholderbeeren
6 Pfefferkörner
120 g durchwachsener Räucherspeck ohne Schwarte
3 EL Öl
1 Prise geriebene Muskatnuß
Salz
1 EL Crème fraîche
1 TL Mehl

Zubereitungszeit: 1½ Std. (+ 12 Std. Marinieren)

Pro Portion: 3400 kJ/810 kcal

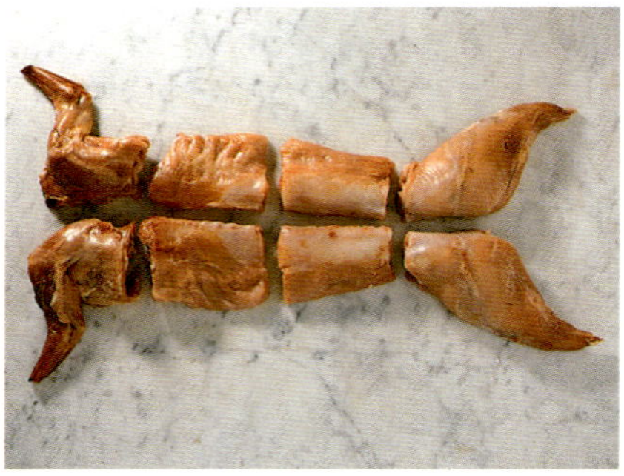

1 Kaninchen kalt abbrausen, trockentupfen, wenn noch nicht geschehen, in Portionsstücke teilen. Leber im Kühlschrank aufbewahren. Kaninchen in einer großen Schüssel in Vermouth einlegen. Thymian und Lorbeer in die Marinade legen, Zwiebel schälen, fein hacken und ebenfalls dazugeben. Wacholderbeeren und Pfefferkörner im Mörser zerdrücken, in die Marinade streuen. Kaninchenteile etwa 12 Std. marinieren, ab und zu umwenden. Die Flüssigkeit soll die Fleischteile gut bedecken.

2 Kaninchenteile aus der Marinade in ein Sieb geben, Marinade auffangen. Fleisch sorgfältig trockentupfen. Räucherspeck fein würfeln.

3 Öl in einem Schmortopf erhitzen, Speckwürfel darin goldbraun braten. Kaninchenteile in den Topf geben, auf allen Seiten anbraten. Marinade dazugießen, mit Muskatnuß würzen. Salzen. Marinade im offenen Topf etwas einkochen lassen. Topf schließen und das Gericht in etwa 1 Std. garen.

4 Kurz vor Ende der Garzeit Kaninchenleber in einem Mörser oder Blitzhacker zerkleinern, Crème fraîche und Mehl dazugeben und alles gut vermengen. Die Sauce vor dem Servieren damit binden (Kaninchenteile vorher aus der Sauce nehmen). Das Gericht mit Baguette servieren.

Getränk: Ein trockener, nicht zu schwerer Rotwein, z.B. ein Côtes-du-Roussillon, paßt gut dazu.

Variante: Lapin à la moutarde
(Kaninchen in Senfsauce)
1 Kaninchen von etwa 1,5 kg mit Salz und Pfeffer würzen. In eine feuerfeste, mit Öl ausgestrichene Form legen und mit 2 EL Dijonsenf bestreichen. Mit Thymianblättchen und Butterflöckchen belegen und im vorgeheizten Backofen bei 200° (Gas Stufe 3) etwa 30 Min. garen. Zwischendurch einmal wenden. 4 gehackte Schalotten und 100 ml trockenen Weißwein dazugeben und weitere 15 Min. braten. 300 g Crème fraîche mit 1 EL Dijonsenf verrühren, salzen und pfeffern und über das Kaninchen geben. Noch 5 Min. zugedeckt weiterbraten.

PASTIS
51

Escalopes de chevreuil

Aus dem Loiretal · Geht schnell

Rehschnitzel mit Selleriepüree

Zutaten für 4 Portionen:
1 Sellerieknolle
Salz
6 EL Sahne
schwarzer Pfeffer aus der Mühle
4 Rehschnitzel (zu je etwa 200 g)
1 EL Butter
2 EL Olivenöl
4 Scheiben Weißbrot

Zubereitungszeit: 30 Min.

Pro Portion: 1800 kJ/430 kcal

1 Sellerieknolle schälen, waschen, vierteln, in Salzwasser weich kochen. Pürieren, mit der Sahne mischen. Mit Salz und Pfeffer abschmecken. Warm stellen.

2 Schnitzel klopfen. Etwas Butter und Öl in eine Pfanne geben, erhitzen. Schnitzel darin bei starker Hitze insgesamt 5 Min. braten, zwischendurch wenden.

3 Inzwischen Brotscheiben in restlicher Butter braten. Auf einer vorgewärmten Platte anrichten. Selleriepüree darauf verteilen. Schnitzel ringsherum anrichten. Salzen, pfeffern.

Getränk: Dazu paßt ein Rotwein von der Loire, z.B. ein Bourgueil oder Chinon.

Beilagentip: Sauce poivrade
(Pfeffersauce)
Wildragout in Öl anbraten, 1 Möhre und 1 Zwiebel kleingehackt dazugeben. Mit 3 EL Weinessig ablöschen, Bouquet garni dazugeben. Flüssigkeit einkochen lassen. Inzwischen 2 EL Schmalz mit 1 EL Mehl in einer Kasserolle anbräunen, mit 250 ml Fleischbrühe löschen, 2 gehäutete und entkernte Tomaten dazugeben. Köcheln lassen, durch ein Sieb passieren, zum Wildragout geben. $\frac{1}{2}$ TL schwarze Pfefferkörner hineinstreuen. Sauce etwa 1 Std. köcheln lassen. Salzen. Durch ein Sieb gießen. Nochmals abschmecken.

Côtelettes de chevreuil

Aus dem Loiretal · Braucht etwas Zeit

Rehkoteletts Winzer Art

Zutaten für 4 Portionen:
40 weiße Weinbeeren
100 ml Cognac
Sauce poivrade (Rezept links)
8 Rehkoteletts (zu je etwa 100 g)
4 EL Öl
Salz
schwarzer Pfeffer aus der Mühle
8 dünne Scheiben Baguette
4 TL Butter

Zubereitungszeit: 2½ Std.

Pro Portion (mit Sauce):
2800 kj/670 kcal

1 Weinbeeren schälen, halbieren, entkernen. Etwa 2 Std. in Cognac einlegen. Öfter umwenden.

2 Inzwischen die Sauce poivrade nach dem Rezept auf S. 118 zubereiten.

3 Koteletts kalt abbrausen, trockentupfen.

4 Öl in einer Pfanne erhitzen. Koteletts etwa 5 Min. darin braten, zwischendurch wenden. Salzen, pfeffern. Warm stellen.

5 Weinbeeren in einem Sieb abtropfen lassen. In die Pfanne geben und im Bratfond etwa 5 Min. erhitzen.

6 Brotscheiben auf beiden Seiten in Butter braten.

7 Koteletts auf einer vorgewärmten Platte anrichten. Brotscheiben dazwischen anordnen. Weinbeeren auf die Koteletts legen. Mit Sauce poivrade übergossen servieren.

Getränk: Dazu schmeckt ein kräftiger Rotwein, z.B. ein Châteauneuf-du-Pape.

Côtes de sanglier

Aus Savoyen · Wintergericht

Wildschweinkoteletts

Zutaten für 4 Portionen:
1 Möhre · 1 Zwiebel
½ l Burgunder Rotwein
Bouquet garni (Lorbeerblatt, Petersilie, Thymian)
1 Salbeiblatt
4 Wildschweinkoteletts (zu je etwa 200 g)
150 g Butter
3 EL Semmelbrösel · 1 EL Mehl
1 EL Cognac · 1 Knoblauchzehe
1 TL Essig · Salz

Zubereitungszeit: 50 Min.

Pro Portion: 3500 kJ/830 kcal

1 Möhre putzen, waschen und in Scheiben schneiden. Zwiebel schälen und würfeln. Rotwein in einem Emailtopf erhitzen, Bouquet garni, Salbei, Möhre, Zwiebel dazugeben. Etwa 20 Min. bei mittlerer Hitze zugedeckt sieden lassen.

2 Inzwischen Koteletts kurz kalt waschen, gut trockentupfen. Etwa 40 g Butter in einer Pfanne zerlassen. Koteletts darin pro Seite etwa 5 Min. bei starker Hitze braten. Danach Hitze reduzieren, Pfanne zudecken. Koteletts nochmals in je etwa 5 Min. auf jeder Seite fertiggaren. Warm stellen.

3 Semmelbrösel in 40 g Butter goldbraun rösten und beiseite stellen.

4 Bouquet garni entfernen und Gemüse mit dem Sud im Blitzhacker zerkleinern.

5 Restliche Butter in der Pfanne zerlassen, Mehl dazugeben, unter Umrühren leicht bräunen lassen. Weiter umrühren, dabei den Weinsud nach und nach dazugießen. Cognac hinzufügen, Knoblauch schälen und dazupressen, zum Schluß geröstete Semmelbrösel und Essig in die Sauce geben. Salzen.

6 Koteletts auf einer vorgewärmten Platte anrichten, Sauce darüber gießen. Mit Baguette oder Nudeln servieren.

Getränk: Reichen Sie dazu den gleichen Burgunder Rotwein, der für die Sauce verwendet wurde.

Filets de lièvre au vin blanc

Aus der Provence · Geht schnell

Hasenfilets in Weißweinsauce

Zutaten für 4 Portionen:
4 Hasenrückenfilets (zu je etwa 150 g)
4 Sardellenfilets · Salz
schwarzer Pfeffer aus der Mühle
4 Knoblauchzehen
4 große Scheiben frischer Speck zum Umwickeln
2 EL Öl · 3 EL Tomatenmark
50 ml trockener Weißwein
¼ l Fleischbrühe oder -fond
1 Eigelb · evtl. einige Rosmarinblüten

Zubereitungszeit: 45 Min.

Pro Portion: 2300 kJ/550 kcal

1 Die Hasenfilets kalt waschen, trockentupfen. Sardellenfilets längs in schmale Streifen schneiden. Filets damit spicken, d.h. Sardellenstreifen mit Hilfe einer Spicknadel in regelmäßigen Abständen durch die oberste Fleischschicht ziehen. Salzen, pfeffern. Knoblauchzehen schälen, sehr fein hacken. Über die Hasenfilets streuen. Filets mit Speck umwickeln.

2 In einem flachen Schmortopf Öl erhitzen, Filets darin bei starker Hitze ringsherum anbraten, Hitze reduzieren. Filets in 6–8 Min. garen, dabei öfter mit Bratfond begießen.

3 Hasenfilets warm stellen. Bratfond mit Tomatenmark, Wein und Fleischbrühe loskochen. Abschmecken, evtl. nachwürzen. Fett abschöpfen. Zum Schluß mit Eigelb binden. Nicht mehr kochen lassen.

4 Speckscheiben entfernen. Sauce über die Filets gießen. Evtl. mit Rosmarinblüten garnieren. Mit Baguette servieren.

Getränk: Dazu paßt ein Rot- oder Roséwein aus der Provence, z.B. ein Côtes-de-Provence oder auch einer der selteneren Rotweine Bandol oder Bellet.

1989

Canard sauvage aux olives

Aus der Provence · Gelingt leicht

Wildente mit Oliven

Zutaten für 2 Portionen:
1 küchenfertige Wildente (etwa 900 g)
Salz
schwarzer Pfeffer aus der Mühle
50 g durchwachsener Räucherspeck ohne Schwarte
70 g Toastbrot
1 Ei
1 Schalotte
6 schwarze Oliven
4 dünne Scheiben frischer Speck ohne Schwarte zum Umwickeln
¼ l Fleischbrühe oder -fond

Zubereitungszeit: 1¾ Std.

Pro Portion: 5200 kJ/1200 kcal

1 Wildente innen und außen kalt waschen, trockentupfen. Salzen, pfeffern.

2 Räucherspeck sehr fein würfeln. Brot in lauwarmem Wasser einweichen. Ausdrücken und mit dem Speck und dem Ei verkneten. Schalotte schälen und sehr fein hacken. Daruntermischen. Oliven halbieren, entsteinen und an die Füllung geben. Backofen auf 200° (Gas Stufe 3) vorheizen.

3 Ente mit der Farce füllen. Mit Küchengarn zunähen. Brust, Rücken und Schenkel mit Speckscheiben umwickeln. Beine und Flügel mit Küchengarn am Körper besfestigen.

4 Ente in eine Bratreine auf die Bauchseite legen. Im Backofen (Mitte) etwa 15 Min. braten lassen. Wenn sich die Speckscheiben bräunen, mit etwas Fleischbrühe begießen. Nach weiteren 15 Min. Wildente umdrehen und auf dem Rücken in etwa 45 Min. fertigbraten. Immer wieder mit Bratfond begießen.

5 Wildente auf einer vorgewärmten Platte anrichten. Küchengarn lösen. Speck zu der Ente legen. Bratfond mit restlicher Fleischbrühe loskochen. Getrennt zur Ente reichen. Mit Brot servieren.

Getränk: Dazu schmeckt ein Rotwein aus dem Languedoc oder der Provence.

Cailles en crapaudine

Aus der Provence · Gut vorzubereiten

Marinierte Wachteln

Zutaten für 4 Portionen:
8 küchenfertige Wachteln
1 Zwiebel
½ Bund Petersilie
1 Lorbeerblatt
3 EL Öl
Saft von 1 Zitrone
Salz
schwarzer Pfeffer aus der Mühle

Zubereitungszeit: 45 Min. (+ 2–3 Std. Marinieren)

Pro Portion: 1300 kJ/310 kcal

1 Wachteln kalt abbrausen, trockentupfen. Mit einer Geflügelschere am Rückgrat entlang aufschneiden. Aufklappen und mit den Handballen flachdrücken oder -klopfen.

2 Zwiebel schälen und in Ringe schneiden. Petersilie waschen, trockentupfen, fein hacken. Beides mit dem Lorbeerblatt in eine Schüssel geben. 2 EL Öl und Zitronensaft hinzufügen. Salzen, pfeffern. Wachteln einlegen, in der Marinade wenden. 2–3 Std. oder auch länger marinieren. Immer wieder wenden.

3 Backofen auf 200° (Gas Stufe 3) vorheizen. Wachteln zuerst mit der Haut nach unten auf ein Backblech legen und etwa 10 Min. garen. Umdrehen, mit restlichem Öl beträufeln und in weiteren 20 Min. fertiggaren. Mit Landbrot servieren.

Getränk: Dazu paßt ein heller Rotwein oder ein Rosé aus der Provence.

Variante: Wachteln mit Semmelbröseln panieren und weiter nach Rezept verfahren.

Faisan au citron

Aus der Normandie · Gelingt leicht

Junger Fasan mit Zitronensauce

Zutaten für 2 Portionen:
1 küchenfertiger junger Fasan (etwa 800 g)
1 große Scheibe frischer Speck ohne Schwarte zum Umwickeln
2 EL Butter · Salz
schwarzer Pfeffer aus der Mühle
1 Msp. geriebene Muskatnuß
250 g Sahne
Saft von 1 Zitrone

Zubereitungszeit: 1¼ Std.

Pro Portion: 4500 kJ/1100 kcal

1 Fasan innen und außen waschen, trockentupfen. Fasan mit der Speckscheibe umwickeln, mit Küchengarn festbinden. Keulen ebenfalls mit Küchengarn zusammenbinden.

2 Butter in einer feuerfesten Form (oder in einem Topf) zerlassen, Fasan darin bei starker Hitze rundherum anbraten. Salzen, pfeffern, mit Muskatnuß würzen.

3 Form zudecken und den Fasan bei mittlerer Hitze auf dem Herd in etwa 45 Min. garen.

4 Fasan auf eine Platte legen, Küchengarn entfernen, Speck abheben, in einer Pfanne kroß ausbraten. Fasan inzwischen halbieren, warm stellen.

5 Bratfond mit Sahne loskochen. Zum Schluß Zitronensaft in die Sauce geben, nochmals abschmecken. Sauce über die Geflügelhälften gießen. Speck dazu reichen. Mit ungezuckertem Apfelkompott und Brot servieren.

Getränk: Ein roter Bordeaux, z.B. ein Pomerol, paßt gut zum Fasan.

Wildgeflügel

Das Perlhuhn (Pintade) stammt ursprünglich aus Westafrika. Heute wird es in Europa als Hausgeflügel gezüchtet, hat aber seinen halbwilden Charakter behalten. Das Fleisch der 1,3 bis 1,5 kg schweren Vögel ist mager, etwas dunkler als das der Haushühner und schmeckt kräftiger. Wachteln (Cailles) gehören zur Familie der Feldhühner. Früher wuchsen sie auf den Feldern Europas heran und überwinterten im Süden. Heute dürfen Wachteln nicht mehr gejagt werden. Die Wachtelzucht begann in Japan, inzwischen gibt es überall Zuchtwachteln mit einem Gewicht von etwa 200 g frisch oder tiefgefroren in den Feinkostgeschäften zu kaufen. Sie werden wie Hausgeflügel frisch und nicht abgehangen wie Federwild zubereitet.

Gourmets bevorzugen wilde Fasane.

Fasane (Faisans) gehören zu den Wildhühnern und stammen ursprünglich aus Asien. Sie werden zwischen Oktober und Mitte Januar gejagt. Allerdings gibt es heute auch Zuchtfasane, die etwas leichter sind (0,8 – 1,0 kg) als jene in freier Wildbahn. Zum Braten eignen sich hauptsächlich junge Tiere von unter 1 Jahr, zu erkennen an ihrem weichen Brustbein.

MADE IN FRANCE
OPINEL

DESSERTS

Nach all den variantenreichen Genüssen eines französischen Menüs kommt zum restlichen Rotwein Käse auf den Tisch, fast immer zu einer Käseplatte zusammengestellt. Auch vom Käse ißt man nicht viel, er soll nur das Essen abrunden. Dann folgt der von groß und klein gleichermaßen geliebte Akzent – der süße Abschluß. Desserts in Frankreich sind Cremespeisen, flache Obstkuchen, die beliebten Tartes, manchmal eine Schale frisches Obst, auch süße Crêpes oder Kleingebäck. Unerläßlich ist der Kaffee nach dem Essen oder zum Dessert, wenn es aus Kleingebäck besteht. Die Franzosen trinken ihn aus kleinen Tassen, meistens von einem »Digestif«, einem Cognac, Marc, Obstwasser oder Likör, begleitet. Das Gläschen nach dem Essen nennen sie »pousse-café«, da es den Kaffee besser »rutschen« läßt. Beim Festtagsmenü gibt es halbtrockenen Champagner oder milden Weißwein zum Dessert.

In französischen Familien ist es Brauch, die entferntere Verwandtschaft und Freunde an Festtagen nur zum Dessert einzuladen – so kommt man ohne großen Aufwand seinen Verpflichtungen nach und kann dennoch etwas Originelles auf den Tisch bringen.

Triple Orange
40% Vol

Crêpes Suzette

Aus der Bretagne · Raffiniert

Eierkuchen mit Grand Marnier

Zutaten für 4 Portionen:
¼ l Milch
6 EL Mehl
2 Eier
½ TL + 2 EL Zucker
Salz
4 EL + 1 TL Butter
Saft und abgeriebene Schale von 1 unbehandelten Orange
4 cl Grand Marnier

Zubereitungszeit: 45 Min. (+ 2 Std. Ruhen)

Pro Portion: 1400 kJ/330 kcal

1 Milch erwärmen. Mehl in eine Schüssel sieben. In die Mitte eine Mulde drücken. 1 Ei hineingeben. Das andere Ei trennen. Eigelb ebenfalls zum Mehl geben. Eiweiß beiseite stellen. ½ TL Zucker und 1 Prise Salz hinzufügen. Zutaten mit einem Holzlöffel vermengen. Milch in kleinen Portionen dazugeben, umrühren, damit sich keine Klümpchen bilden. Teig soll dünnflüssig sein.

2 Teig für etwa 2 Std. kühl, jedoch nicht in den Kühlschrank stellen.

3 Danach Eiweiß steif schlagen, vorsichtig unter den Teig ziehen.

4 In einer Pfanne mit sehr glattem Boden etwas Butter zerlassen und dünn verteilen. So viel Teig durch Hin- und Herschwenken in der Pfanne verteilen, daß die Crêpe hauchdünn wird. Auf beiden Seiten hellbraun backen, zweimal zusammenfalten, warm stellen. Mit dem restlichen Teig ebenso verfahren.

5 In einem Pfännchen 1 TL Butter erhitzen, jedoch nicht bräunen lassen. 2 EL Zucker dazugeben, leicht karamelisieren lassen. Orangenschale und Orangensaft dazugeben. Erhitzen. Die Hälfte des Grand Marnier in die heiße Sauce rühren.

6 Die gefalteten Crêpes in die Pfanne legen, mit der Sauce beschöpfen. Restlichen Likör leicht anwärmen, über das Gericht gießen und flambieren. Dabei vorsichtig hantieren, damit Sie sich nicht verbrennen.

7 Crêpes auf Portionstellern anrichten, mit der Sauce übergießen. Sofort servieren.

Variante: Crêpeteig nach Rezept zubereiten, mit einem Schuß Kirschwasser parfümieren. Nach dem Backen dünn mit Aprikosenmarmelade bestreichen, zusammenfalten. Mit Puderzucker bestreuen und mit Kirschwasser flambieren.

Tip! Das Flambieren gelingt am besten, wenn die Crêpes sehr heiß sind.

Mousse au chocolat

Ganz einfach · Schnell fertig

Schokoladenschaum

Zutaten für 4 Portionen:
150 g Zartbitter-Kuvertüre
4 Eiweiß (von ganz frischen Eiern)
1 TL Puderzucker

Zubereitungszeit: 20 Min.
(+ 2 Std. Kühlen)

Pro Portion: 900 kJ/210 kcal

1 Kuvertüre mit dem Messer zerkleinern oder grob raspeln. Bei sehr schwacher Hitze, am besten im Wasserbad, zum Schmelzen bringen.

2 Eiweiß mit Puderzucker steif schlagen. Dickflüssige Schokoladenmasse vorsichtig unter den Eischnee ziehen. 2 Std. kühlen.

3 Die Mousse auf Portionsteller oder Gläser verteilen und servieren.

Variante: Die folgende Variante ist aufwendiger und auch kalorienreicher: 400 ml sehr gut gekühlte Sahne schlagen. Nach Geschmack mit Puderzucker und Vanillezucker süßen. 75 g Schokolade mit 1–2 EL Wasser schmelzen, 75 g Puderzucker und 2 EL Wasser hinzufügen, einmal aufkochen. Vollkommen abkühlen lassen, mit der Schlagsahne mischen.

Tip! Mousse au chocolat mit Schokoladenraspeln, gehackten Pistazienkernen oder etwas Schlagsahne dekorieren.

Wichtiger Hinweis: Bitte verwenden Sie nur ganz frische Eier von freilaufenden Hühnern, um das Salmonellenrisiko zu verringern.

Crème renversée au caramel

Etwas schwieriger

Karamelcreme

Zutaten für 4 Portionen:
20 g Butter
6 EL Zucker
4 Eier
1 Päckchen Vanillezucker
400 ml Milch

Zubereitungszeit: 45 Min.
(+ 1 Std. Kühlen)

Pro Portion: 1300 kJ/310 kcal

1 Butter in einer Stielkasserolle zerlassen. 5 EL Zucker und 3 EL Wasser dazugeben. Zucker unter Umrühren bei schwacher Hitze karamelisieren lassen. Die Masse soll hellbraun, aber nicht zu dunkel werden, da sie sonst bitter schmeckt. Karamelmasse auf 4 Portionsförmchen verteilen.

2 Backofen auf 180° (Gas Stufe 2) vorheizen.

3 Eier mit restlichem Zucker und Vanillezucker schaumig rühren. Milch aufkochen lassen, dann nach und nach über die Eier gießen. Alles gut verrühren. Mischung durch ein feines Sieb in die Förmchen gießen.

4 Einen flachen Topf mit kaltem Wasser füllen. Portionsförmchen mit der Eier-creme hineinstellen und im Wasserbad im Backofen (Mitte) in 25–30 Min. stocken lassen. Die Creme ist gar, wenn sie dem Druck des Fingers standhält.

5 Creme abkühlen lassen. Ränder mit einem Messer von den Förmchen lösen, Creme stürzen. Die am Boden klebende Karamelmasse mit 2–3 EL Wasser loskochen und über die Creme gießen.

Poires au vin rouge

Aus Burgund · Gut vorzubereiten

Birnen in Rotwein

Zutaten für 6 Portionen:
6 Williamsbirnen
3/4 l Burgunder Rotwein
2 TL Marc de Bourgogne (Tresterbranntwein)
500 g Puderzucker
2 Zimtstangen
200 g Himbeeren
150 g schwarze Johannisbeeren
150 g rote Johannisbeeren
Saft von 1 Zitrone

Zubereitungszeit: 45 Min. (+ 2 Std. Kühlen)

Pro Portion: 2300 kJ/550 kcal

1 Birnen schälen, Stiel nicht entfernen.

2 Wein und Marc in einen großen Topf gießen, 1/4 l Wasser dazugeben, 300 g Puderzucker einrühren, Zimstangen einlegen. Zum Kochen bringen. Hitze reduzieren, Birnen hineingeben. 15–20 Min. ziehen lassen. Ab und zu umrühren.

3 Inzwischen Beeren entstielen, waschen, abtropfen lassen. Einige Beeren zum Garnieren beiseite legen.

4 In einer Kasserolle restlichen Puderzucker, 3 EL Wasser und Zitronensaft aufkochen. Hitze reduzieren und die Flüssigkeit bei schwacher Hitze etwa 10 Min. sieden lassen. Beeren dazugeben, 7–8 Min. köcheln lassen. Durch ein Sieb treiben.

5 Die Birnen im Kochsud und das Beerenmus etwa 1 Std. bei Raumtemperatur abkühlen lassen, danach noch etwa 1 Std. im Kühlschrank kühlen.

6 Fruchtmus auf Portionsteller verteilen. Birnen abtropfen lassen und mit dem Stiel nach oben darauf stellen. Mit frischen Beeren garnieren.

Variante: Statt eines Burgunder Rotweines können Sie einen anderen Rotwein verwenden, nur sollte er nicht zu schwer und dunkel sein.

Clafoutis

Aus dem Limousin · Gelingt leicht

Eierspeise mit Kirschen

Zutaten für 4 Portionen:
500 g schwarze oder rote Süßkirschen
3 Eier
2½ EL Puderzucker
4 EL Mehl
200 ml Milch
Butter für die Form

Zubereitungszeit: 1 Std. (+ etwa 30 Min. Abkühlen)

Pro Portion: 1100 kJ/260 kcal

1 Kirschen waschen und entsteinen. Backofen auf 225° (Gas Stufe 4) vorheizen.

2 Eier mit 2 EL Puderzucker schlagen. Mehl und Milch hinzufügen, so daß ein fast flüssiger Teig entsteht.

3 Feuerfeste Form ausbuttern, Kirschen gleichmäßig darin verteilen. Teig darüber gießen. Im Backofen (Mitte) etwa 20 Min. backen lassen. Mit restlichem Puderzucker bestreuen. In weiteren etwa 15 Min. fertigbacken. Auskühlen lassen. Lauwarm oder kalt servieren.

Varianten: Statt der Kirschen Erdbeeren, säuerliche Äpfel, Waldbeeren oder Backpflaumen verwenden.

Info: Clafoutis gehört zu den in ganz Frankreich beliebten und bekannten Desserts. Diese Version stammt aus dem Limousin, der Heimat vieler köstlicher Aufläufe.

Tarte à l'envers aux abricots

Aus der Dauphiné · Gelingt leicht

Aprikosenkuchen

Zutaten für eine Tarte- oder andere geschlossene Form von 28 cm Ø (6 Stück):

Für den Teig:
200 g Mehl
1 TL Zucker
100 g Butter
Salz

Für den Belag:
750 g Aprikosen
75 g Butter
200 g Zucker

Zubereitungszeit: 1½ Std.

Bei 6 Portionen pro Portion: 2200 kJ/520 kcal

1 Mehl in eine Schüssel sieben. In die Mitte eine Mulde drücken. Zucker dazugeben. Butter in Würfel schneiden, in die Mulde geben. Salz in 50 ml Wasser auflösen, dazugeben. Teig mit den Fingern vorsichtig und nicht zu lange durchkneten.

2 Teig im Kühlschrank oder an einem kühlen Platz etwa 20 Min. ruhen lassen.

3 Inzwischen Aprikosen waschen, halbieren, entsteinen.

4 Eine Tarte- oder Kuchenform mit 50 g Butter ausstreichen. Mit einer dicken Schicht Zucker (etwa 100 g) bestreuen. Aprikosen mit der Schnittseite nach oben in Schichten auf dem Zucker anordnen.

5 Die Kuchenform bei mittlerer Hitze auf dem Herd etwa 15 Min. erwärmen, zwischen Kochstelle und Geschirr eine Isolierplatte legen. Die Form vom Herd nehmen, wenn der Zucker zu karamelisieren beginnt. Kurz abkühlen lassen.

6 Restlichen Zucker obenauf streuen, Rest der Butter in Flöckchen auf dem Zucker verteilen. Backofen auf 225° (Gas Stufe 4) vorheizen.

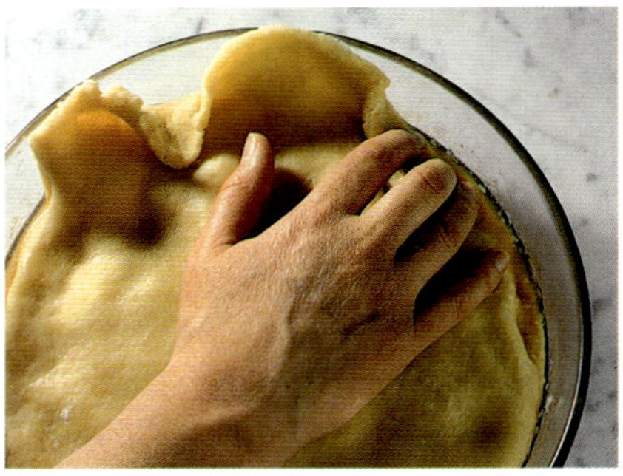

7 Teig ausrollen, auf die Obstschicht legen, an den Rändern nach unten in die Form hineindrücken.

8 Den Kuchen im Backofen (Mitte) in 30–35 Min. backen. Aus dem Ofen nehmen und nach etwa 10 Min. auf eine Anrichteplatte stürzen. Der Kuchen löst sich von allein aus der Form. Lauwarm servieren.

Variante: Tarte Tatin
(Apfelkuchen mit Karamel)
Teig nach obigem Rezept zubereiten. 1 kg kleine, festfleischige, säuerliche Äpfel schälen, vom Kerngehäuse befreien und halbieren. 70 g Butter und 70 g Zucker auf den Boden der Form geben. Die Äpfel dicht an dicht, mit der Rundung nach unten daraufsetzen. Mit 30 g Zucker bestreuen und mit 30 g Butterflöckchen belegen. Auf dem Herd bei schwacher bis mittlerer Hitze garen, bis sich unten eine Karamelschicht gebildet hat. Den Teig wie im Hauptrezept ausrollen, über die Äpfel legen und die Ränder nach unten drücken. Tarte im vorgeheizten Backofen bei 225° (Gas Stufe 4) etwa 20 Min. backen.

GRANDE BRASSERIE NATIONALE
33 Rue de la République . 33
La Maison n'a pas de Succursale
Serviette
Soupe à l'oignon
Choucroute saucisse ou jambon
Saucisse nature
Jambon dᵒ
Bifteck cresson
Côtelette dᵒ
RESTAURANT
A TOUTE HEURE
PAIN COMPRIS
Fromages divers
Confitures
BIÈRE le Quart
Malaga , Porto , Muscat
Sirops et Liqueurs
Grog, Cognac, Rhum, Kirsch
CONSOMMATIONS
DE
PREMIER CHOIX
Vins Rouges
Bordeaux
St Emilion
Médoc
Château Lafitte
Sauterne
Champagne
Barsac
Graves
Quintaine

70 cl

Far breton

Aus der Bretagne · Gelingt leicht

Rosinenpudding

Zutaten für 4 Portionen:
125 g kernlose Rosinen
100 ml Rum
6 Eier
150 g Zucker
250 g Mehl
1 l Milch
etwa 50 g Butter
2 EL Puderzucker

Zubereitungszeit: 1½ Std.
(+ 30 Min. Marinieren)

Pro Portion: 4300 kJ/1000 kcal

1 Rosinen etwa 30 Min. in Rum einlegen.

2 Eier in einer Teigschüssel aufschlagen. Zucker dazugeben und mit den Eiern schaumig rühren. Nach und nach Mehl dazugeben. Gut verrühren, damit es keine Klümpchen gibt. Milch erhitzen und darunterrühren. Backofen auf 200° (Gas Stufe 3) vorheizen.

3 Eine feuerfeste Form mit Butter ausstreichen. Ein Viertel des Teigs einfüllen. Im Backofen (Mitte) etwa 10 Min. stocken lassen.

4 Form aus dem Ofen nehmen. Rosinen auf die leicht gestockte Masse legen. Rest des Teiges einfüllen. Pudding in etwa 50 Min. fertiggaren.

5 Form aus dem Ofen nehmen, Pudding mit Puderzucker bestäuben, warm in der Form servieren.

Variante: Pudding mit Backpflaumen zubereiten.

Info: Ein traditionelles Dessert aus der Bretagne, Vorläufer des englischen Puddings. Man serviert ihn gern als »Entremets« zwischen Käse und Obst.

Calissons d'Aix

Aus der Provence

Mandelplätzchen

Zutaten für etwa 20 Stück:
250 g Mandelkerne
250 g Zucker
4–5 EL Aprikosensirup
etwa 20 runde Oblaten (5 cm Ø)

Für den Zuckerguß:
1 Eiweiß
100 g Puderzucker

Zubereitungszeit: 40 Min.

Pro Stück: 630 kJ/150 kcal

1 Mandelkerne in kochendes Wasser geben. Nach 3–4 Min. in einem Sieb abtropfen lassen, dunkle Haut entfernen. Kerne fein mahlen. Mandelmehl mit Zucker mischen. Aprikosensirup darunterrühren.

2 Teig in einer Kasserolle erhitzen. Unter Umrühren mit einem Holzlöffel etwas trocknen lassen. Kasserolle vom Herd nehmen.

3 Masse mit einem Teelöffel auf Oblaten verteilen. Finger in kaltes Wasser tauchen, glättend über die Oberfläche streichen. Abkühlen lassen. Backofen auf 200° (Gas Stufe 3) vorheizen.

4 Inzwischen in einer großen Schüssel Eiweiß und Puderzucker mit einem Holzlöffel verrühren. Wenn der Puderzucker aufgelöst ist, den Guß auf den Plätzchen verteilen (der Guß soll wie Sirup fließen, eventuell noch etwas Wasser zugeben).

5 Plätzchen auf ein Backblech setzen, im Backofen (Mitte) in 8–10 Min. backen.

Info: Nach alter Tradition wurden geweihte Calissons d'Aix vom Erzbischof nach der Ostermesse vor dem Kirchenportal in Aix verteilt. Sie sollten vor Krankheit und Seuchen bewahren.

Typische Menüzusammenstellungen

Bei der Zusammenstellung eines echten französischen Menüs sollten Sie einige wenige Grundregeln beachten:

- Vermeiden Sie, einen wesentlichen Bestandteil eines Ganges in einem anderen Gang noch einmal zu servieren, also keinen Lauch als Beilage nach einer Kartoffelsuppe mit Lauch.
- Stimmen Sie bei der Menüzusammenstellung auch die Garmethoden aufeinander ab, z.B. nach gekochtem Fisch gebratenes Fleisch, nach einer Quiche als Vorspeise keine Tarte als Nachspeise reichen.
- Wie viele Gänge auf den Tisch kommen, hängt von der Gelegenheit ab, die untere Zahl liegt bei drei, die obere dort, wo die Kapazität Ihrer Küche und Ihrer Gäste erschöpft ist.
- Bedenken Sie bei der Zusammenstellung der Gänge den Arbeitsaufwand. Wenn ein Gericht viel Arbeit erfordert, sollten die übrigen Gänge einfacher herzustellen sein, zumal wenn Sie keine Hilfe haben. Überlegen Sie vorher, welcher Gang zu welchem Zeitpunkt Ihre aktive Mitarbeit erfordert.
- Orientieren Sie sich auch an den Angaben über Joule und Kalorien. Ihre Gäste sollen nicht hungrig vom Tisch aufstehen, aber auch noch den letzten Gang würdigen können. Bei mehrgängigen Menüs halten Sie die in den Rezepten angegebenen Mengen lieber etwas knapp.

Menüs für den Alltag

Hors-d'œuvre varié · Kleiner Vorspeisenteller, z.B. aus Salami und Oliven*
Poulet à l'oseille · Hähnchen mit Sauerampfer 109
Clafoutis · Eierspeise mit Kirschen 133

Potage Crécy · Karottencremesuppe 29
Escalopes de veau · Kalbsschnitzel mit Schalottensauce 96
Fruits · Obst*

Potage Parmentier · Kartoffelsuppe französische Art 26
Escalopes aux pruneaux · Schweineschnitzel mit Backpflaumen 89
Fromage · Käse*

Champignons à la moutarde · Champignons mit Senfsauce 41
Bœuf en daube · Geschmortes Rindfleisch in Rotwein 94
Mousse au chocolat · Schokoladenschaum 130

Flan bourguignon · Lauchtorte 55
Poule au pot · Gefülltes Suppenhuhn 110
Fruits · Obst*

Salade niçoise · Nizza-Salat 44
Côtes d'agneau persillées · Lammkoteletts südfranzösische Art 102
Calissons d'Aix · Mandelplätzchen 137
Café · Kaffee*

Menüs für Zwei

Potage Crécy · Karottencremesuppe 29
Œufs en cocotte · Eier im Förmchen 58
Sole bretonne · Seezunge in Weißwein 74
Cailles en crapaudine · Marinierte Wachteln 123
Fromage · Käse*
Mousse au chocolat · Schokoladenschaum 130

Salade niçoise · Nizza-Salat 44
Gratin de courge · Kürbisauflauf 65
Sardines farcies aus épinards · Gefüllte Sardinen mit Spinat 76
Fromage · Käse*
Poires au vin rouge · Birnen in Rotwein 132

Champignons à la moutarde · Champignons mit Senfsauce 41
Omelette aux tomates · Tomatenomelette 56
Gigot à la menthe · Lammkeule mit frischer Minze 100
Salade verte · Grüner Salat*
Fromage · Käse*
Sorbet au champagne · Sorbet mit Champagner*

Asperges à la vinaigrette · Spargel in Essig-Öl-Sauce 41
Croûtes aux morilles · Morcheln in Sahnesauce 62
Saumon aux échalottes · Gespickter Lachs 83
Faisan au citron · Junger Fasan mit Zitronensauce 124
Fromage · Käse*
Crème renversée au caramel · Karamelcreme 130
Fruits · Obst*

Menüs ohne Fleisch

Potage Parmentier · Kartoffelsuppe französische Art 26
Œufs durs farcis vert-pré · Gefüllte Eier Gärtnerin-Art 44
Ratatouille · Bunter Gemüsetopf 65
Clafoutis · Eierspeise mit Kirschen 133

Soupe de courge · Kürbissuppe mit Lauch 29
Artichauts à la ciboulette · Artischocken mit Schnittlauch 42
Soufflé au fromage · Käsesoufflé 55
Salade verte · Grüner Salat*
Tarte à l'envers aux abricots · Aprikosenkuchen 134
Café · Kaffee*

Regionale Menüs

Normandie:
Crudités · Rohkostplatte*
Tripes à la mode de Caen · Kutteln in Cidre und Calvados 90
Tarte aux pommes · Apfelkuchen*

Bretagne:
Artichauts à la ciboulette · Artischocken mit Schnittlauch 42
Lotte farcie · Gefüllter Seeteufel 75
Far breton · Rosinenpudding 137

Aquitanien:
Hors-d'œuvre varié · Gemischte Vorspeisenplatte*
Coquilles Saint-Jacques · Jakobsmuscheln in Sahnesauce 68
Canard à la bigarade · Flugente mit Orangensauce 113
Fromage · Käse*
Fruits · Obst*

Provence:
Soupe de courge · Kürbissuppe mit Lauch 29
Salade niçoise · Nizza-Salat 44
Terrine d'anguilles · Aalterrine 82
Canard sauvage aux olives · Wildente mit Oliven 123
Calissons d'Aix · Mandelplätzchen 137
Café · Kaffee*

Burgund / Lyonnais:
Asperges à la vinaigrette · Spargel in Essig-Öl-Sauce 41
Flan bourguignon · Lauchtorte 55
Potée bourguignonne · Schweinefleischtopf 86
Poires au vin rouge · Birnen in Rotwein 132

Elsaß / Lothringen:
Hors-d'œuvre varie · Kleiner Vorspeisenteller, z.B. aus Salami und Oliven*
Choucroute garnie · Garniertes Sauerkraut 88
Tarte aux quetches · Zwetschenkuchen*
Café · Kaffee*

Loiretal:
Champignons à la moutarde · Champignons mit Senfsauce 41
Saumon aux échalotes · Gespickter Lachs 83
Escalopes de chevreuil · Rehschnitzel mit Selleriepüree 118
Fromage · Käse*
Fruits · Obst*

Menüs für viele Gäste
Crudités à l'anchoïade · Rohkostplatte mit Anchovissauce 36
Bouillabaisse · Fischeintopf à la Mittelmeer 72
Tarte à l'envers aux abricots · Aprikosenkuchen 134
Café · Kaffee*

Soupe de courge · Kürbissuppe mit Lauch 29
Terrine de foies de volaille · Geflügelleberterrine 48
Blanquette de veau · Kalbsblankett 98
Plat de fromage · Käseplatte*
Mousse au chocolat · Schokoladenschaum 130

Salade niçoise · Nizza-Salat 44
Quiche au saumon · Lachstorte 52
Alicot · Gänseklein mit Kastanien und Pilzen 115
Fromage · Käse*
Macédoine de fruits · Obststalat*

Œufs durs farcis vert-pré · Gefüllte Eier Gärtnerin-Art 44
Bœuf en daube · Geschmortes Rindfleisch in Rotwein 94
Plat de fromage · Große Käseplatte*
Calissons d'Aix · Mandelplätzchen 137

Menüs für Festtage
Asperges à la vinaigrette · Spargel in Essig-Öl-Sauce 41
Escargots aux fines herbes · Weinbergschnecken in Kräutersauce 61
Truites Mont-Dore · Forellen in Vermouth 79
Pigons rôties · Gebratene Tauben 115
Plat de fromage · Große Käseplatte*
Crêpes Suzette · Eierkuchen mit Grand Marnier 129
Fruits · Obst*
Café et biscuits · Kaffee mit Kleingebäck*

Le mourtaïrol · Safransuppe 31
Artichauts à la ciboulette · Artischocken mit Schnittlauch 42
Queues d'écrevisses gratinées · Gratin von Flußkrebsen 70
Pintade aux morilles · Perlhuhn mit Morcheln 112
Plat de fromage · Große Käseplatte*
Poires au vin rouge · Birnen in Rotwein 132
Fruits · Obst*
Café, liqueur ou Cognac, biscuits · Kaffee und Likör oder Cognac mit Kleingebäck*

Bisque d'écrevisses · Feine Krebssuppe 30
Artichauts à la ciboulette · Artischocken mit Schnittlauch 42
Croûtes aux morilles · Morcheln in Sahnesauce 62
Truites Mont-Dore · Forellen in Vermouth 79
Steak du Morvan · Rindersteak mit Chablissauce 93
Plat de fromage · Große Käseplatte*
Crêpes Suzette · Eierkuchen mit Grand Marnier 129
Fruits · Obst*
Calissons d'Aix · Mandelplätzchen 137
Café, liqueur ou Cognac · Kaffee und Likör oder Cognac*

Le mourtaïrol · Safransuppe 31
Terrine de foies de volaille · Geflügelleberterrine 48
Escargots aux fines herbes · Weinbergschnecken in Kräutersauce 61
Lotte farcie · Gefüllter Seeteufel 75
Escalopes de veau · Kalbsschnitzel mit Schalottensauce 96
Plat de fromage · Große Käseplatte*
Sorbet au champagne · Sorbet mit Champagner*
Café et biscuits · Kaffee mit Kleingebäck*

* Diese Gerichte sind in dem Buch nicht als Rezept aufgeführt. Alle Zutaten gibt es in gutsortierten Supermärkten und in französischen Spezialitätenläden zu kaufen.

Glossar

Aioli: Südfranzösische Knoblauchsauce mit der Konsistenz von Mayonnaise. Paßt zu gekochtem Gemüse, Seefisch und harten Eiern.

Argenteuil: Aus der Region um diese Stadt stammen die besten Spargel. Der Zusatz à l'Argenteuil bezieht sich immer auf Spargelgerichte.

Armagnac: Berühmter Weinbrand aus der Gascogne, der »bäuerliche Bruder« des Cognac.

Bardieren: Umwickeln von Wild und Wildgeflügel, aber auch von magerem Fisch mit dünnen Scheiben frischem, also ungeräuchertem Speck.

Béarnaise: Der Name der berühmten Sauce erinnert an die Heimat von Henri IV, Béarn. Die Sauce aus Schalotten, Ei, Weißwein, Essig, Estragon und Butter gilt als eine der feinsten in der französischen Küche.

Béchamel: Helle Grundsauce aus Butter, Mehl und Milch, mit Muskatnuß gewürzt. Nach Louis de Béchamel, einem bekannten Gourmet aus der Zeit von Louis XIV benannt.

Belle Hélène: Birnendessert aus gedünsteten Birnen, Eis und heißer Schokolade.

Beurre blanc: An der unteren Loire beliebte Buttersauce zu pochiertem Hecht. Die Butter wird in einem reduzierten Sud aus Weinessig und Schalotten geschlagen, so daß sich eine weiße cremige Sauce ergibt.

Beurre manié: Paste aus Mehl und Butter, zu gleichen Teilen verarbeitet. Dient zum Binden von Saucen, die nach Zugabe des Bindemittels nicht mehr kochen dürfen.

Bigarade: Pomeranze. Bittere Orangensorte, aus der Curaçao gewonnen wird, die aber auch zum Würzen von Wild und Geflügel sowie zur Herstellung von Süßigkeiten und Marmeladen verwendet wird.

Bisque: Cremige Suppe aus Krustentieren, z.B. Bisque d'écrevisses S. 30.

Blanchieren: Kurzes Aufkochen von Lebensmitteln in Wasser mit oder ohne Salz.

Bleu: In der französischen Küche Ausdruck für ein schwach angebratenes Steak.

Bonne femme: Hausfrauenart. Meist ein Gericht mit in Butter gedünsteten Kartoffeln, Möhren- und Zwiebelwürfeln.

Bordelaise (à la): Gerichte mit einer Sauce aus braunem Bratfond, Rotwein und Rindermark.

Bouquet garni: Kräutersträußchen aus Lorbeerblatt, Thymian und Petersilie, manchmal mit Fenchelkraut. Ein wichtiges Element der französischen Küche.

Bretonne (à la): Fischgerichte nach Art der Bretagne werden mit fein geschnittenen Möhren, Petersilienwurzeln und Champignons gedünstet.

Brie: Bekannter tortenförmiger Weichkäse aus der gleichnamigen Region in der Champagne, ursprünglich aus Rohmilch, heute auch aus pasteurisierter Milch hergestellt.

Brillat-Savarin: Nach dem Autor der »Physiolgie des Geschmacks« benannte Zubereitungsart hauptsächlich von Lammnüßchen mit Leberpastete, Trüffeln und grünen Spargelspitzen.

Brioche: Gebäck aus luftigem Hefeteig.

Calvados: Obstbranntwein aus Äpfeln aus der gleichnamigen Region in der Normandie.

Camembert: Weicher Schimmelkäse, ursprünglich aus der Normandie. Wird heute in vielen Ländern hergestellt.

Canapé: Kleine, pikant belegte Brotscheibe. Wird zum Hors-d'œuvre gereicht.

Cantal: Schon bei den Römern bekannter würziger Hartkäse aus der Auvergne.

Cassis: Schwarze Johannisbeere. Bekannt ist der aus dieser Frucht hergestellte Likör (Crème de Cassis), der mit Champagner gemischt als Kir royale zum Apéritif getrunken wird. Kir ist eine Mischung aus trockenem Weißwein und Crème de Cassis.

Cassoulet: Eintopf mit Fleisch und weißen Bohnen aus dem Languedoc.

Chiffonnade: In feine Streifen geschnittene Kopfsalat- und Sauerampferblätter, in Butter gedünstet und als Suppeneinlage oder Zutat zu grünen Erbsen verwendet.

Cidre: Apfelwein aus der Normandie oder der Bretagne, als Cidre doux (süß) oder Cidre brut (herb) in schäumender oder stiller Version im Handel.

Cocotte: Schmortopf aus Metall, feuerfestem Prozellan oder Keramik. Mit en cocotte bezeichnet man Gerichte, die im Topf gegart wurden.

Cognac: Edler Weinbrand aus der gleichnamigen Region. Wird in der französischen Küche in sparsamer Dosierung zum Parfümieren von Saucen, Süßspeisen und Fleischpasteten verwendet.

Comté: Hartkäse aus den französischen Alpen, aus Rohmilch hergestellt. Dem Emmentaler ähnlich.

Confit: Eingemachtes Enten- oder Gänsefleisch. Gibt es auch bei uns fertig zu kaufen.

Corail: Hummerrogen. Ursprpünglich grün, wird beim Kochen rot.

Crécy: Kleiner Ort in der Île-de-France, Anbaugebiet besonders guter Möhren. Alle Gerichte mit diesem Namen enthalten Möhren als Bestandteil.

Crème double: Süßer Rahm mit sehr fester Konsistenz.

Crème fraîche: Französischer Sauerrahm, den es bei uns überall zu kaufen gibt. Schmeckt milder als deutscher Sauerrahm.

Crêpe: Dünner Eierkuchen aus unterschiedlichen Mehlarten, süß oder salzig. Spezialität der Bretagne.

Croustade: Gefüllter Blätterteig oder Mürbeteig, auch ausgehöhltes und gefülltes Toastbrot.

Croûtons: In Butter gebratene oder trocken geröstete Weißbrotscheiben oder -würfel.

Dijon: Feinschmeckerstadt in Burgund. Seefischgerichte nach Art von Dijon werden mit Krebsschwänzen, Muscheln und Weißwein zubereitet.

Dubarry: Beilage aus Blumenkohl, mit Mornaysauce übergossen und mit Käse überbacken, zu Fleischgerichten.

Duchesse: Kartoffelpüree mit Eigelb, mit einer Gebäckspritze geformt und dann gebacken. Gerichte mit dieser Beilage bezeichnet man als à la duchesse.

Eau-de-vie: Generelle Bezeichnung für Branntwein aus Wein, Obst oder Korn.

Entrecôte: Zwischenrippenstück vom Rind. Wird gegrillt oder gebraten.

Entremets: Ursprünglich Bezeichnung für kleine Zwischengerichte, die auf den Fleischgang folgten, heute die Süßspeise nach dem Käse.

Farce: Mischung aus unterschiedlichsten zerkleinerten Zutaten zum Füllen von Teig, Fisch, Fleisch oder Gemüse.

Fines herbes: Kräutermischung zum Würzen von Suppen und Saucen. Wird in Frankreich häufig allein auf Petersilie angewandt.

Flambieren: Übergießen von Fleisch oder Süßspeisen mit hochprozentigen Alkoholika, z.B. Cognac, Calvados oder Obstbranntwein, und Anzünden, um den Alkohol zu verbrennen, so daß nur die Aromastoffe zurückbleiben.

Fond: Aromatische Brühe, die in der französischen Küche statt Wasser zum Garen von Fleisch, Fisch, Geflügel oder Wild verwendet wird.

Galantine: Ursprünglich in entbeintes Geflügel, in Lammschulter o.ä. gefüllte Pastetenmasse. Heute werden Galantinen in Förmchen gegart und mit Sauce überzogen.

Galette: Runder Kuchen aus Blätterteig. Wird im Norden Frankreichs am Dreikönigstag gegessen.

Glace: Speiseeis, aber auch konzentrierter Bratensaft.

Gratin: Überbackenes Gericht, bis eine braune Kruste entsteht.

Julienne: Äußerst fein geschnittene Streifchen von Gemüse, Trüffeln, Pilzen, aber auch von gegartem Geflügel. Wird als Einlage für Suppen oder als Salatzutat verwendet.

Jus: Gelee aus reinem entfetteten Bratensaft, meist in Form von Kalbsjus, zur Herstellung von Saucen. Auch als Fertigprodukt erhältlich.

Karamel: In der französischen Küche häufig verwendete Zutat. Helles Karamel gibt man an Süßspeisen, vor allem an Cremes, dunkleres wird verwendet, um Braten einen appetitlichen braunen Glanz zu verleihen. Karamel eignet sich auch zum Färben von Saucen und Bouillon.

Marc: Schnaps aus Trestern, d.h. den Stielen, Kernen und Schalen der Trauben nach dem Pressen.

Marinade: Mischung aus Wein und/oder Essig sowie Kräutern, Gemüse und Gewürzen, in die Fleisch- oder Fischgerichte vor dem Garen mehrere Stunden oder Tage eingelegt werden.

Marmite: Großer Kochtopf oder -kessel mit oder ohne Deckel.

Matelote: Gericht aus Süßwasserfischen, in Weiß- oder Rotwein gedünstet. Nur die Matelote à la normande wird aus Seefisch mit Cidre zubereitet.

Mie de pain: Das Innere des Brotes ohne die Kruste. In der französischen Küche treibt man das Weiße durch ein Sieb und verwendet es zum Binden von Suppen und Saucen.

Mirepoix: Nach dem gleichnamigen Marschall und Herzog benannte Würzzutat für Suppen und Saucen, bestehend aus magerem Schinken, geschrotetem weißem Pfeffer, Thymian, Basilikum, Lorbeerblatt und Suppengrün.

Miroton: Ragout aus gekochtem Fleisch mit Zwiebeln.

Mornay (à la): Fischgerichte mit Mornay-Sauce, einer Béchamelsauce, mit Käse überbacken.

Mousse: Schaumige Zubereitungen, z.B. vom Fisch (Hechtmousse) oder auch von Süßspeisen.

Mousseline: Bezeichnung für Gerichte und für Saucen, die mit Schlagsahne zubereitet wurden. Wird auch für luftiges Gebäck gebraucht, z.B. Brioche mousseline.

Niçoise (à la): Zubereitungen mit Tomaten und meistens auch mit Knoblauch.

Papillote: Einerseits kleine Papiermanschette, mit der man Lammkoteletts oder Geflügelbeine serviert, andererseits geölte Papierhülle, in der man kleine Fleischteile gart.

Parieren: Herrichten bzw. Zurechtschneiden von Fleisch- oder Fischstücken für die Zubereitung.

Pâté: Fleisch-, Fisch- oder Gemüsefarce im Teigmantel. Der klassische französische Pastetenteig (pâte à pâté) ist ein Mürbeteig, aber auch Blätter- oder Briocheteig werden für Pâtés verwendet.

Pochieren: Garen von Eiern, Fisch oder zartem Geflügel in Flüssigkeit unterhalb des Siedepunktes.

Potée: Allgemeine Bezeichnung für ein Gericht, das im Tontopf gegart wurde. Speziell ein Eintopf mit Schweinefleisch und Kohl, aber auch anderen Gemüsen und Kartoffeln.

Pré-salé: Fleisch von Hammeln oder Lämmern, die auf salzhaltigen Wiesen nahe dem Meer geweidet haben. Schmeckt besonders fein und würzig.

Provençale (à la): Zubereitungen mit Tomaten und Knoblauch.

Quatre-Épices: Gewürzmischung aus 3 Teilen gemahlenem schwarzem Pfeffer und 1 Teil Nelkenpulver, geriebener Muskatnuß und Ingwer – letztere zu etwa gleichen Teilen.

Rillettes: Meist aus Schweinefleisch, aber auch aus Gänse- oder Kaninchenfleisch hergestellte Masse, die sich als Brotaufstrich oder als kalte Vorspeise eignet.

Roquefort: Französischer Schimmelkäse aus reiner Schafmilch aus dem gleichnamigen Ort, in den Höhlen von Combalou gereift.

Soufflé: Süßes oder salziges Schaumgericht.

Tarte: Flaches, rundes Gebäck, mit Obst oder anderen Zutaten belegt.

Terrine: Fleisch-, Fisch- oder Gemüsefarce ohne Teigmantel. Im alltäglichen Sprachgebrauch häufig auch als Pâté bezeichnet.

Timbale: Becherpastete. Ursprünglich die Bezeichnung für ein Trinkgefäß, heute für Zubereitungen von Farcen und Ragouts aller Art, die in Porzellanförmchen gegart und heiß oder kalt serviert werden.

Vert-pré: Bezeichnung für Gerichte mit grüner Beilage, auch Kräutersauce oder -butter.

Vinaigrette: Essig-Öl-Mischung, mit Salz, Pfeffer und gemischten Kräutern gewürzt. Weitere Zutaten können Senf, harte Eier, Zwiebeln etc. sein.

Abkürzungen:

TL	=	Teelöffel
EL	=	Eßlöffel
Msp.	=	Messerspitze
kJ	=	Kilojoule
kcal	=	Kilokalorie

Rezept- und Sachregister

Umschlag-Vorderseite: Das Bild zeigt Coq au vin (Hahn in Burgunder) (S. 106).

Die Bilder ohne Bildunterschriften zeigen: Die Fotos auf S. 4/5: Schloßgarten von Villandry (oben links), Blumenfeld in der Bretagne (oben Mitte), Weinlese in Roussillon (oben rechts), Straßencafé in St. Tropez (Mitte), Altes Waschhaus in Vannes (unten links), Männer beim Boule-Spiel (unten Mitte), Kanal in Burgund (unten rechts). S. 8/9: Château de la Bretesche in der Bretagne.
Umschlag-Rückseite: Das Bild zeigt ein Straßencafé in Paris.

Susi Piroué
ist gelernte Buchhändlerin und befaßt sich seit vielen Jahren als Autorin und Redakteurin mit Wein- und Kochbüchern. Sie entdeckte ihre Leidenschaft für die Küche Frankreichs, als sie in eine französische Familie einheiratete. Seither kocht sie mit Vorliebe nach den Rezepten dieses Landes. Für das vorliegende Buch hat sie ausschließlich Originalrezepte der französischen Küche ausgewählt.

Michael Brauner, Food Fotografie
Nach Abschluß der Fotoschule in Berlin arbeitete Michael Brauner als Fotoassistent bei namhaften Fotografen in Frankreich und Deutschland und machte sich dann 1984 selbständig. Sein individueller, atmosphärereicher Stil ist überall geschätzt: in der Werbung sowie bei vielen bekannten Verlagen. In seinen Studios in München, Karlsruhe und Gordes (Provence) setzt er die Rezepte vieler Titel der Reihe »Küchen der Welt« stimmungsvoll ins Bild.

Detlef Kellermann
lebt als freischaffender Künstler und Illustrator in Aachen. Zahlreiche Ausstellungen machten ihn im In- und Ausland bekannt. Zu seinen Werken gehören so unterschiedliche Arbeiten wie Bühnenbilder, Mosaikgestaltungen und Illustrationen in verschiedenen Stilrichtungen. Da Frankreich sein Lieblingsreiseland ist, gelang es ihm besonders gut, dieses Land einfühlsam in Aquarellen zu spiegeln.

Bildnachweis
Titelbild und Rezeptfotos: Michael Brauner, Food Fotografie.
Die Fotografen der Bilder im Inhaltsverzeichnis, des Kapitels »Land und Leute laden ein...« und der Produktinformationen nachstehend in alphabetischer Reihenfolge:
AV-Bilderbank Lothar Schiffler, München: S. 12 unten, 14, unten
AV-Bilderbank Lothar Schiffler, Andreani, München: S. 23 (2)
Wilfried Becker, Vaterstetten/München: S.4 Mitte
Josef Bieker, Dortmund: S. 16, 18
Michael Brauner, Karlsruhe: S. 27, 57, 63, 70
Ebert, Thomas, jd: Umschlagrückseite
Armin Faber, Mühlheim: S. 12 oben
Robert Gigler, München: S. 4 unten links, 19 unten, 20 unten, 22 unten
Herbert Hartmann, München: S. 11
Harald Mante, Dortmund: S. 4 oben links
Gerhard P. Müller, Dortmund: S. 15
real-bild Klaus-D. Neumann, München: S. 10 (2)
Werner Neumeister, München: S. 13, 21 oben, 22 oben
Poblete, jd, München: S. 4 oben Mitte, 8/9
Reinhard-Tierfoto, Heiligkreuzsteinach: S. 79, 110, 125
Fotostudio Teubner, Füssen: S. 47
Martin Thomas, Aachen-Alt Lemiers: S. 4 unten Mitte, 5 (2), 14 oben, 17, 21 unten
Heinz Wohner, Dortmund: S. 19 oben, 20 oben, 43

Impressum

Redaktion: Dr. Stephanie von Werz-Kovacs und Birgit Rademacker
Lektorat: Anita Tafferner
Versuchsküche: Marianne Obermayr
Illustrationen: Detlef Kellermann
Gesamtherstellung: BuchHaus.Kraxenberger.Gigler.GmbH
Gestaltung: Konstantin Kern
Kartographie: Huber
Reproduktion: Fotolito Longo, Bozen
Druck und Bindung: A. Mondadori Editore, Verona
ISBN 3-7742-1962-1
Auflage 5 4 3 2 1
Jahr 99 98 97 96 95